चिल्ड्रंस

बिग बुक
ऑफ
एक्टीविटीज

वी एण्ड एस पब्लिशर्स

प्रकाशक

वी एण्ड एस पब्लिशर्स

F-2/16, अंसारी रोड, दरियागंज, नई दिल्ली–110002
☎ 23240026, 23240027 • फैक्स: 011-23240028
E-mail: info@vspublishers.com • *Website:* www.vspublishers.com

क्षेत्रीय कार्यालय : हैदराबाद

5-1-707/1, ब्रिज भवन (सेन्ट्रल बैंक ऑफ इण्डिया लेन के पास)
बैंक स्ट्रीट, कोटी, हैदराबाद-500 095
☎ 040-24737290
E-mail: vspublishershyd@gmail.com

शाखा : मुम्बई

जयवंत इंडस्ट्रिअल इस्टेट, 1st फ्लोर-108, तारदेव रोड
अपोजिट सोबो सेन्ट्रल, मुम्बई – 400 034
☎ 022-23510736
E-mail: vspublishersmum@gmail.com

BUY OUR BOOKS FROM: AMAZON FLIPKART

प्रकाशकीय

चिल्ड्रंस एक्टीविटीज बुक्स जैसे 'लर्निग मैथमैटिक्स द फन वे', 'ड्राइंग एण्ड पेंटिंग कोर्स वाल्यूम **I & II**' और अन्य पुस्तकों के लिए उत्साहवर्धक प्रतिक्रियाओं ने 'वी एण्ड एस पब्लिशर्स' को किशोरों के लिये एक नवीनतम्, रूचिकर और मनोरंजक एक्टीविटी बुक प्रस्तुत करने के लिये प्रेरित किया है।

'चिल्ड्रंस बिग बुक ऑफ एक्टीविटीज' प्यारे बच्चों के लिये एक सुन्दर व आकर्षक एक्टीविटी बुक है जिसमें ढेर सारी मनोरंजक भूलभूलैया, बिन्दु से बिन्दु मिलाओ पहेलियाँ, शब्द पहेलियाँ, गुत्थीदार रूचिकर 'शब्द खोजें' जैसे अनेक खेल हैं।

इसमें अनेक अद्भुत क्रियाकलाप जैसे 'अन्तरों को ढूंढ़ें', 'चित्र में छिपी वस्तुओं को खोजें', 'गलतियों को चिन्हित करें', व 'हल करें और रंग भरें' विशेषत: सम्मिलित किये हैं।

हमारा मुख्य उद्देश्य 'जिसमें किशोरों और बच्चों में पढ़ने की आदत को विकसित करना अर्न्तविष्ट हैं' इसके अनुरूप यह पुस्तक मुख्यत: आपके बच्चों में, मनोरंजक सामग्री के माध्यम से पढ़ने की रूचि जागृत करने के लिये प्रकाशित की गई है।

इसका एक उद्देश्य आपके बच्चों का स्कूल की अगली कक्षाओं के लिये दिमागी कसरत कराकर तैयार करना भी है। जिसे वह सरल और सहज ग्राहय चित्र पहेलियों, शब्द पहेलियों और चित्रित भूलभूलैया को हल कर के करेंगे। इसके साथ ही इस पुस्तक में विभिन्न जानवरों, पेड़-पौधों, दैनिक जीवन में उपयोग में आने वाली वस्तुओं के नाम व चित्र दिये गये हैं। जिससे आपका बच्चा उन्हें आसानी से समझ सकता है और ग्रहण कर सकता है।

सामान्यत: इस प्रकार की सामग्री अंग्रेजी भाषा की किताबों में प्राय: मिल जाती है। हिन्दी भाषा में उपरोक्त सामग्री को वी एण्ड एस पब्लिशर्स के द्वारा उपलब्ध कराने का प्रयास किया गया है। इस प्रकार यह पुस्तक सभी बच्चों विशेषकर 3-7 वर्ष की आयु-वर्ग के बच्चों के लिये एक सम्पूर्ण एक्टीविटी पैकेज प्रस्तुत करती है। इसे पढ़े और इसके क्रिया-कलापों का आनन्द लें।

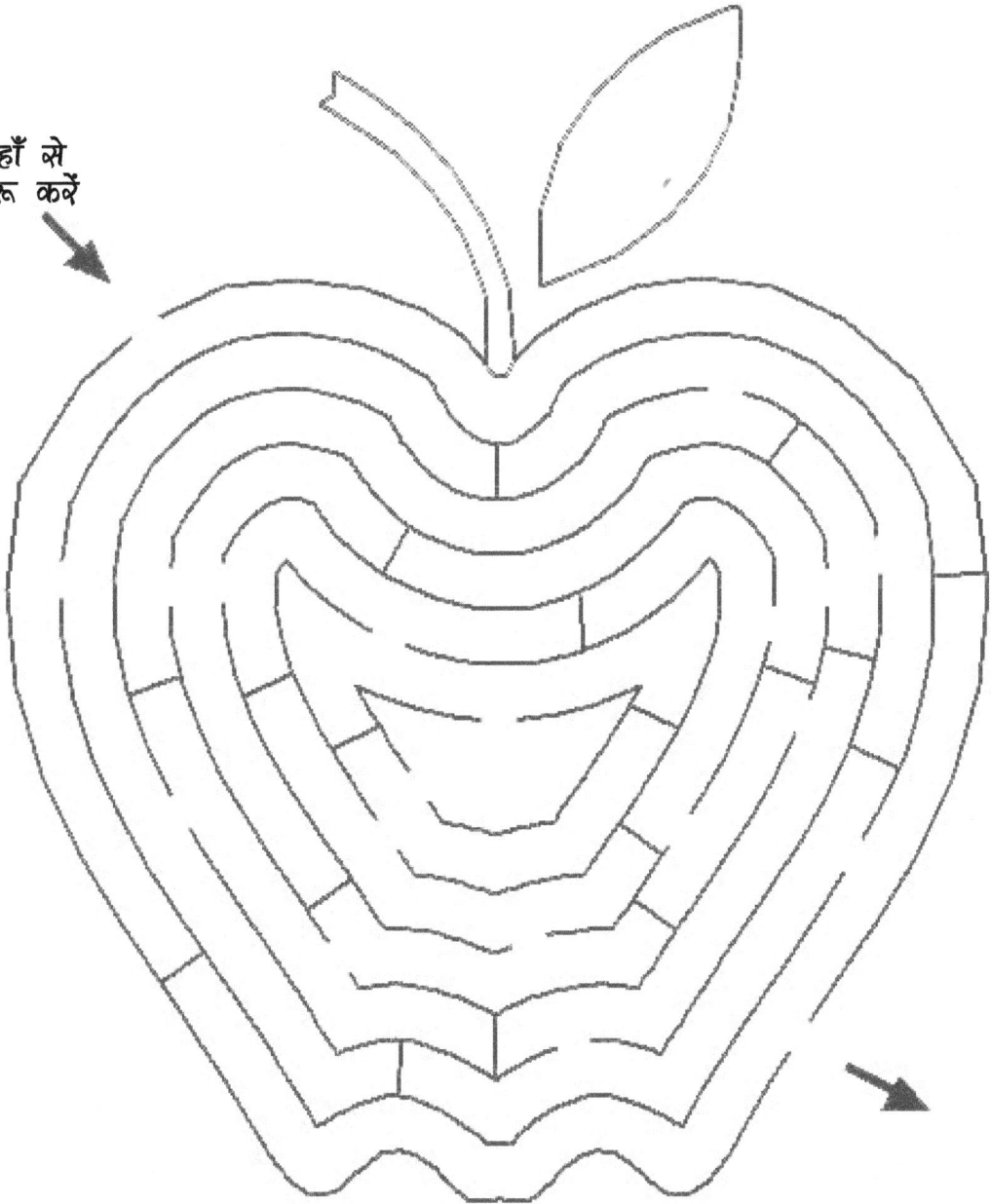

सेब की दुविधा

प्रतिदिन एक सेब लें और डॉक्टर से दूर रहें। यहाँ सेब के साथ एक समस्या है। इसे हल करें।

यहाँ से शुरू करें

जैक और पेड़

क्या आप जैक को पेड़ से नीचे उतरने का रास्ता दिखा सकते हैं?

जन्मदिन उपहार

मनीषा को उसका जन्मदिन उपहार खोजने में मदद करें।

बिल्ली और चाहरदीवारी

बिल्ली टॉम को चाहरदीवारी तक पहुँचने में मदद करें।

लालची विक्रम

विक्रम हमेशा धन के पीछे भागता है। लालची विक्रम खजाने की तलाश में है। उसे खजाने तक पहुँचाने में मदद करें।

ब्यूटी और बीस्ट

क्या आपने 'ब्यूटी और बीस्ट' कहानी पढ़ी है? अच्छा, राजकुमारी की 'बीस्ट' को खोजने में मदद करें।

काली चिड़ियाँ और पाई

चौबीस ब्लेक वर्ड्स को पॉई में पकाने के लिए इकट्ठा करो।

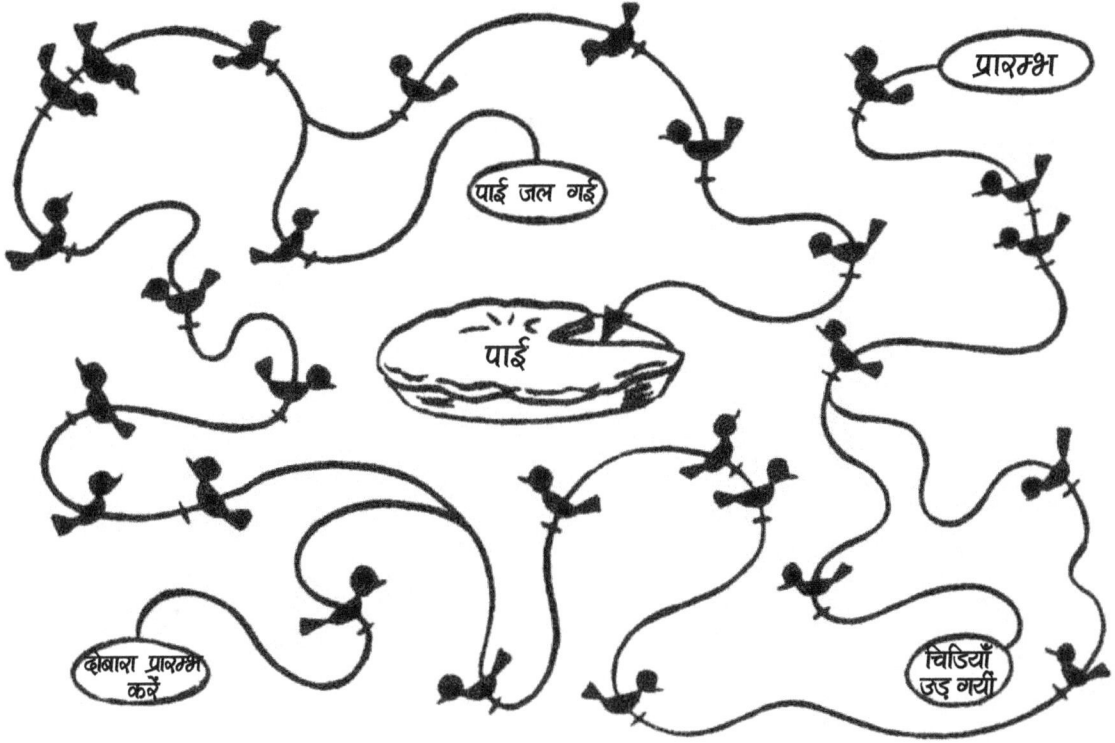

बिन्दु से बिन्दु

बिन्दुओं को जोड़े और कुत्ते की आकृति को पूरा करें। फिर उसमें रंग भरें।

शब्द पहेली

नीचे दिये गये संकेतो से अंग्रेजी की शब्द पहेली को हल करें।

Across:
1. Yield of a planted field
4. A kind of tree, like oak
5. This machine digs up fields
8. A place where animals and crops are raised
9. Opposite of stand
10. Sack to carry feed in
12. An animal to ride on
14. A long-necked bird which honks

Down:
1. A baby horse
2. A baby dog
3. An animal that gives milk
6. A baby sheep
7. Animals that chase mice
8. A kind of evergreen tree
9. Word that rhymes with go
11. Animal with horns
12. Another word for pig
13. What we see with

Across: 1. crop, 4. elm, 5. plow, 8. farm, 9. sit, 10. bag, 12. horse, 14. goose
Down: 1. colt, 2. pup, 3. cow, 6. lamb, 7. cats, 8. fir, 9. so, 11. goat, 12. hog, 13. eye

13

बिन्दु से बिन्दु

बिन्दुओं को जोडकर चित्र को पूरा करें फिर चमकदार रगों से भरें।

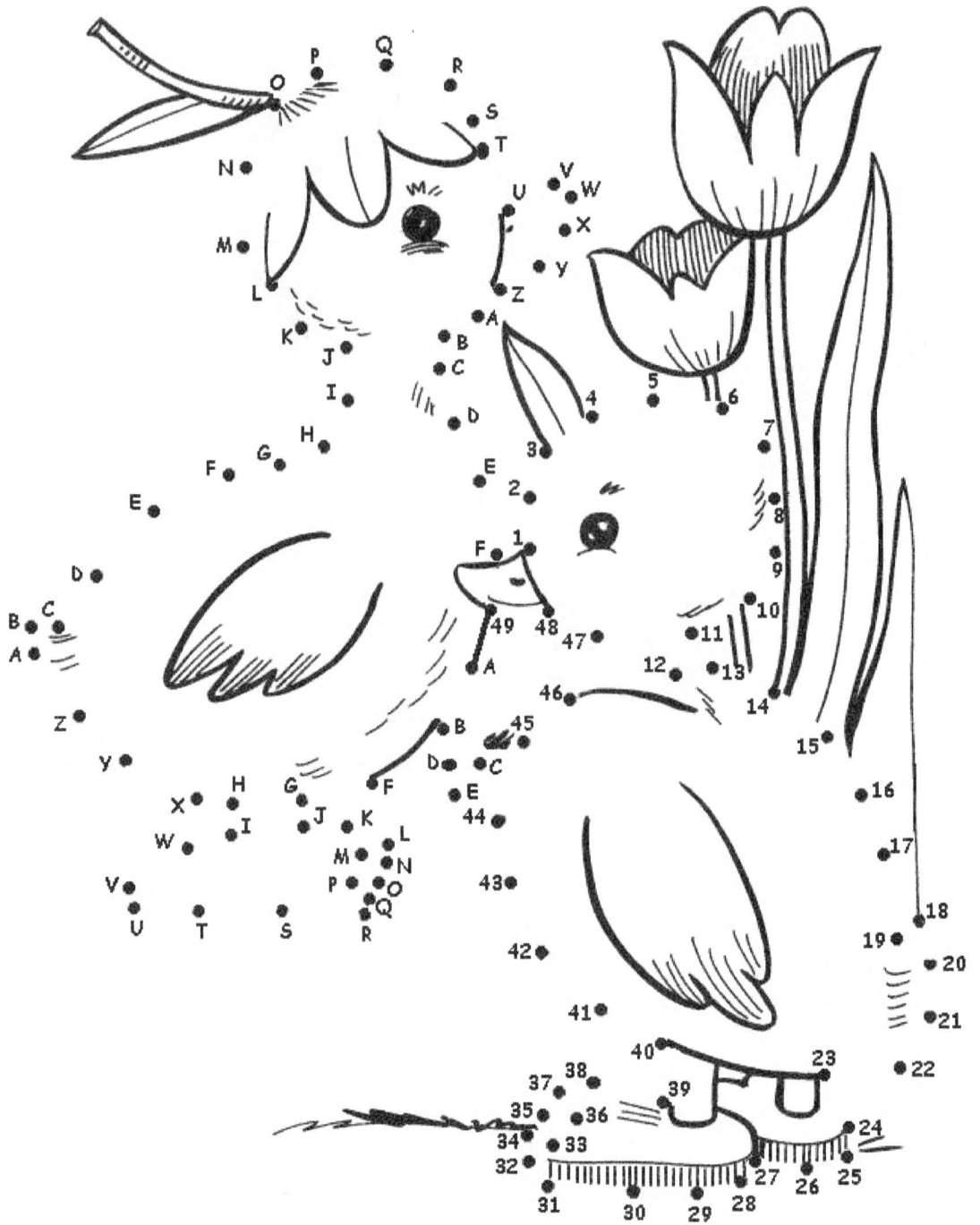

अंग्रेजी में फलों के नाम ढूंढ़े।

Fruits

```
c  b  a  n  a  n  a  k  i  w  i  v
y  o  s  t  r  a  w  b  e  r  r  y
o  r  e  i  s  m  k  n  w  w  c  w
r  a  p  p  l  e  w  p  f  a  f  d
a  z  p  l  u  m  n  u  e  t  h  p
n  l  j  u  c  m  z  z  r  e  k  e
g  t  o  z  h  c  i  e  u  r  d  l
e  p  u  q  e  y  r  x  o  m  x  k
v  q  q  g  r  a  p  e  i  e  b  u
k  b  j  o  r  s  y  g  l  l  x  a
t  s  m  v  y  m  s  w  d  o  q  p
a  f  r  u  i  t  j  n  g  n  b  a
```

fruit   banana   strawberry

orange   apple   grape   plum

kiwi   watermelon   cherry

हल करें और रंग भरें

दिये गये सवालों को हल करें और नीचे दी गयी कुजियों के अनुसार रंग भरें।

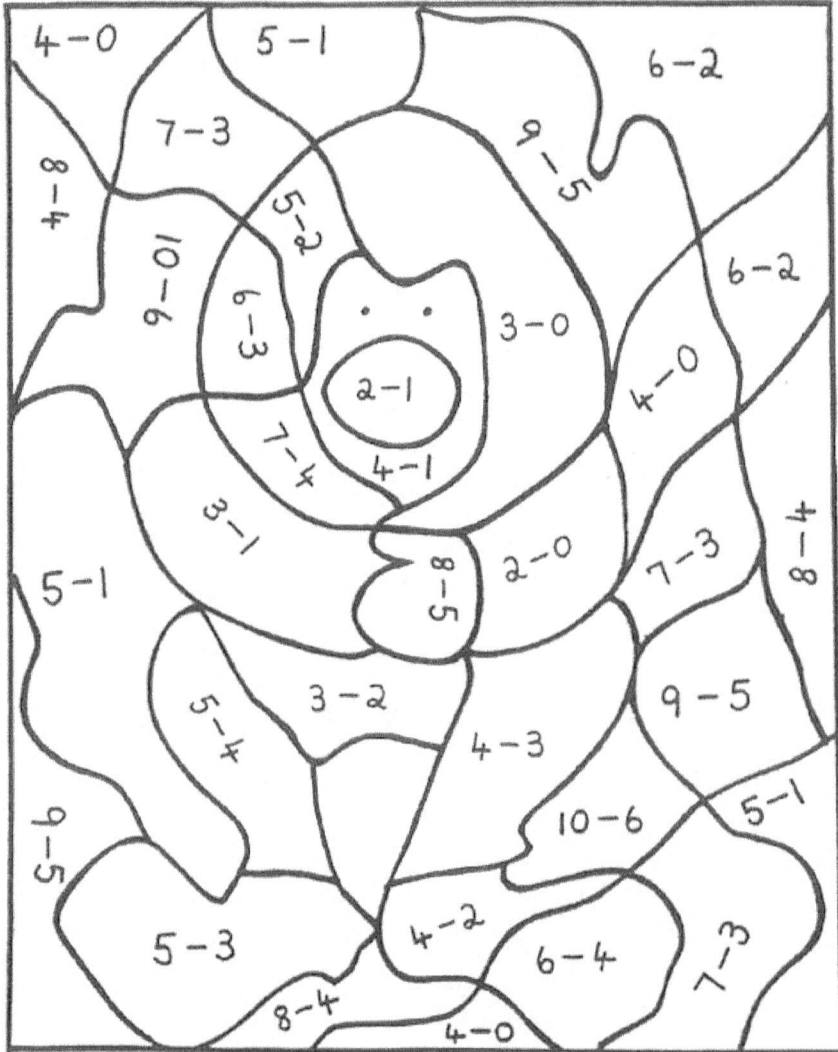

कुंजी

लाल	1	गुलाबी	3
काला	2	नीला	4

इनको महसूस करें

तीन 'महसूस' करने वाले शब्दों को खोजें। शब्दों को खोजने के लिए दी गयी शब्दपहेली में ऊपर-नीचे, तिरछा, आगे-पीछे देखें।

S	T	X	Y	T	Y	Z	F
H	F	B	C	R	M	R	D
O	O	B	G	S	K	L	T
R	S	N	E	D	L	I	X
T	U	S	C	A	R	E	D
H	Q	W	T	E	R	A	L
H	O	T	D	J	N	S	H
D	L	O	C	N	Q	T	D

Words

HOT   COLD   HUNGRY

TALL   SHORT   TIRED

HARD   SOFT   SCARED

             BEARS

बिन्दु से बिन्दु

बिन्दुओं को जोड़े और चित्र पूरा करें अपनी इच्छानुसार रंग भी भरें

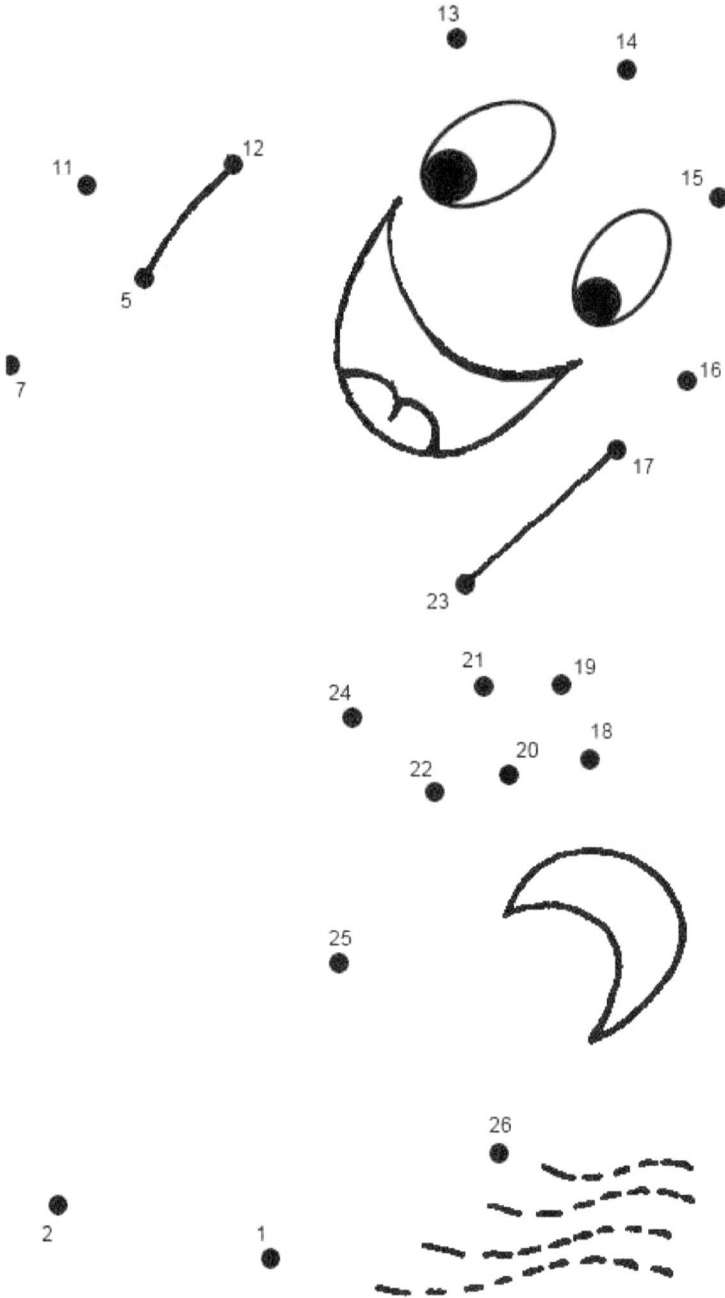

पुष्प पहेली

यहाँ कुछ फूलों के नामाक्षरों का संख्या क्रम दिया गया है। क्या आप उन अक्षरों से खाने की कोई स्वादिष्ट चीज बना सकेंगे।

ANSWER

CHRYSANTHEMUM
DAISY
PANSY
DAFFODIL
LILY

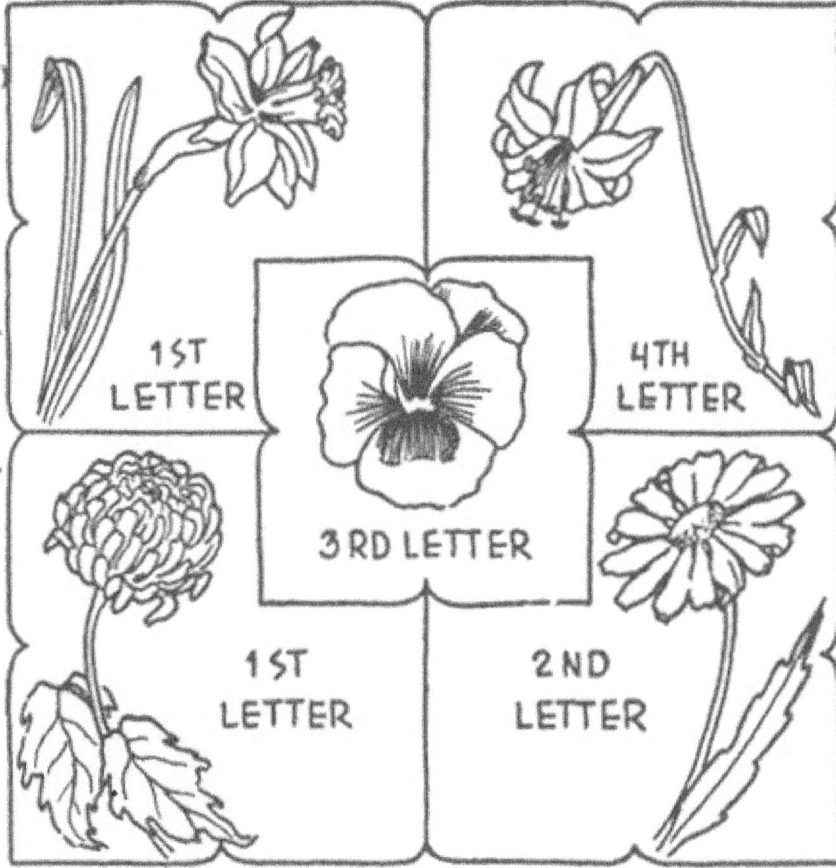

दस्तानों का जोड़ा खोजें

यहाँ पर दो एक जैसे दस्ताने हैं, क्या आप उनका जोड़ा बना सकते हैं?

मि. खरगोश और मि. कछुआ

मि. खरगोश नहीं जानते हैं कि मि. कछुआ खेल में पहले ही पहुँच चुके हैं और छिप गये हैं। कहाँ छिपे है वह?

बिन्दु से बिन्दु

बिन्दु से बिन्दु को जोड़ कर चित्र पूरा करें।

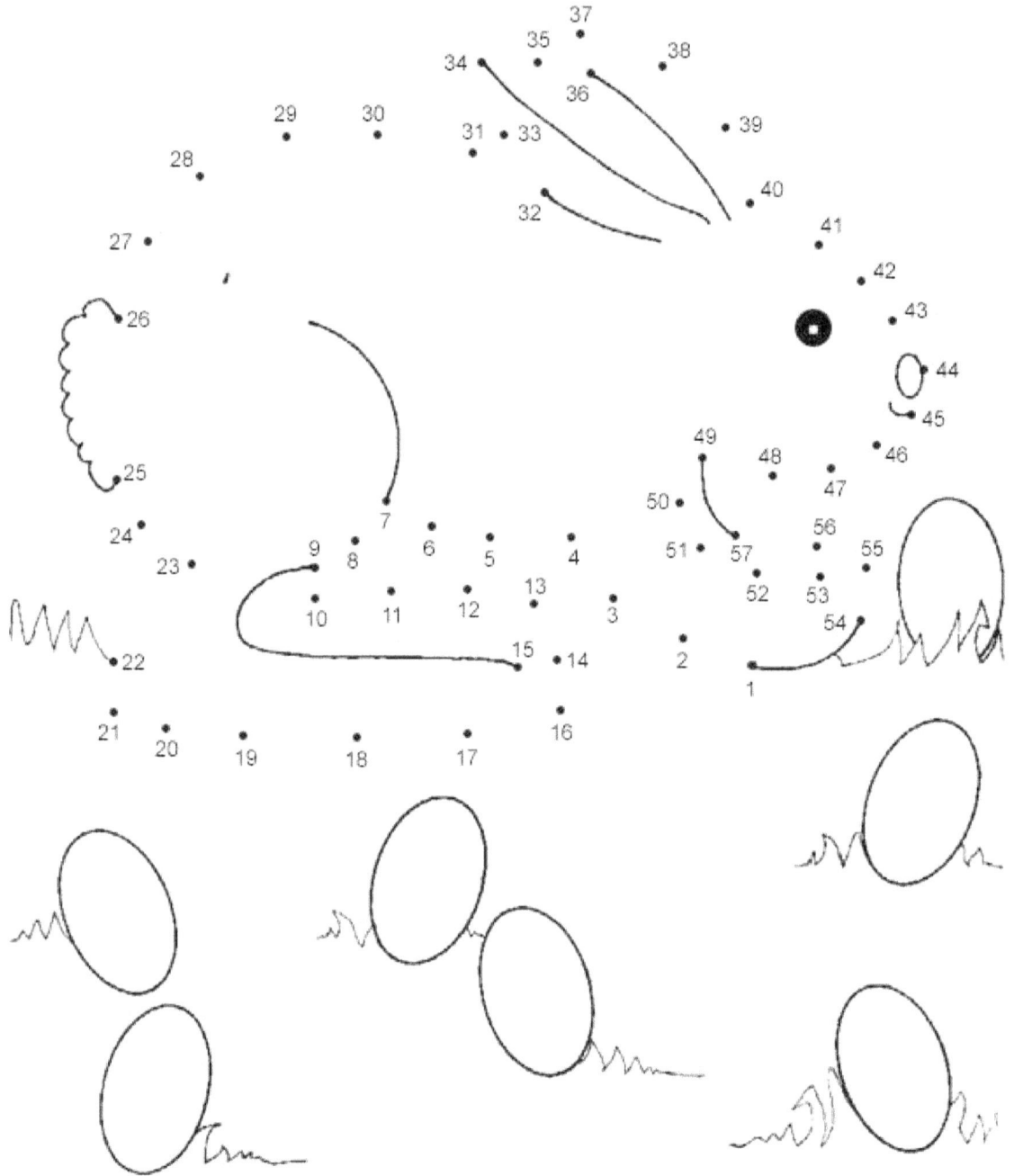

असमान को बाहर निकालें

यहाँ प्रत्येक पंक्ति में दो समान व एक भिन्न आकृति है। जो भिन्न है उसके चारो और गोला खीचें।

हल करें और रंग भरें

नीचे दिये गये योगों को हल करें, फिर दी गई कुंजियों के अनुसार रंग भरें

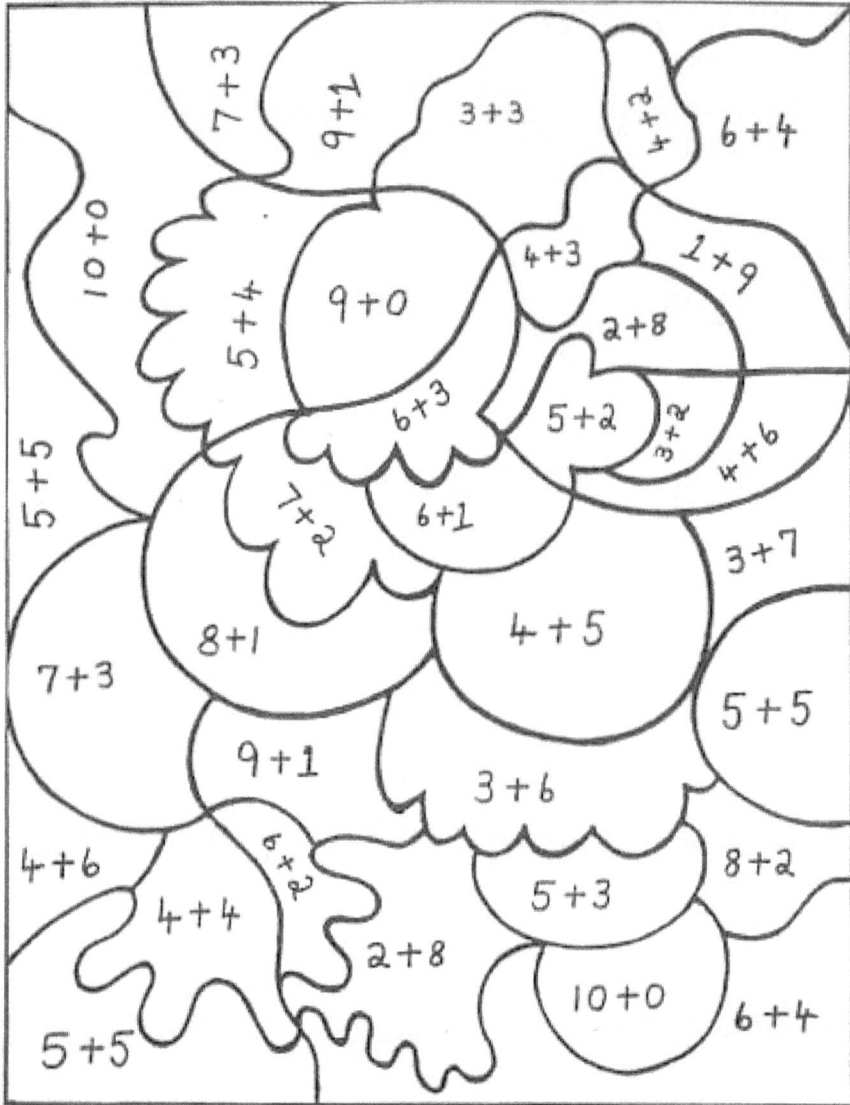

कुंजी

सफेद	5	काला	8
पीला	6	लाल	9
गुलाबी	7	नीला	10

बिन्दुओं को जोड़ें

बिन्दुओं को जोड़ें और चित्र पूरा करें। इच्छानुसार रंग भी भरें।

छोटी टॉमी

छोटी टॉमी को एक हड्डी की महक आ रही है। उसके लिए रास्ता बतायें ताकि वह मजेदार हड्डी को चबा सके।

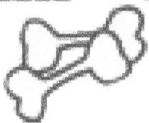

मधुमक्खी और फूल

मधुमक्खी को फूलों तक पहुँचने में मदद करें। बदले में वह आपको स्वादिष्ट शहद देगी।

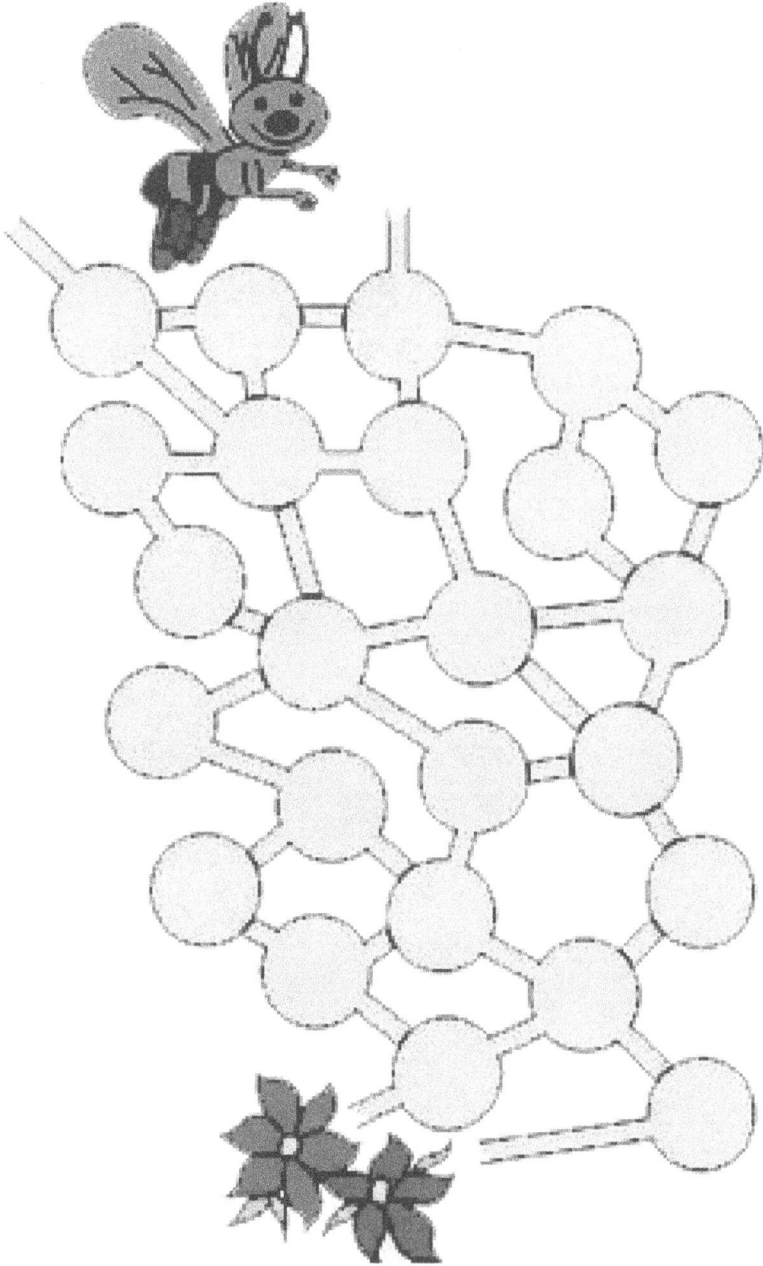

बिन्दु से बिन्दु

बिन्दुओं को मिलाकर चित्र पूरा करें और चमकदार रंग भी भरें।

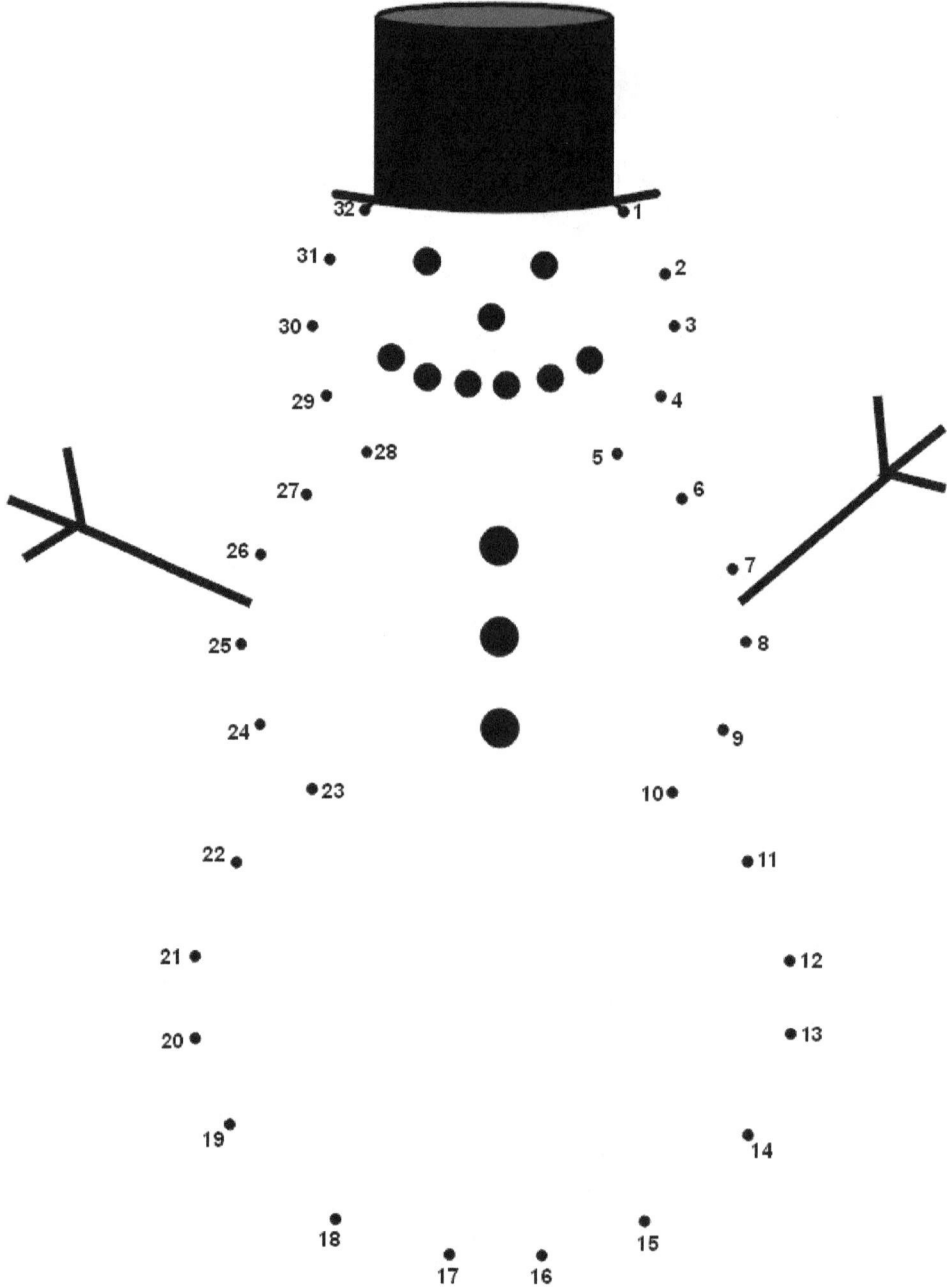

पैम और सैम

पैम और सैम बिल्ली के तीन बच्चों को खोज रहे हैं यदि आप उन्हें ढूढ़ सकते हो, तो ढूढ़ों।

बिन्दु से बिन्दु

संख्याओं के बढ़ते हुये क्रमानुसार बिन्दुओं को मिलाकर चित्र पूरा करें।

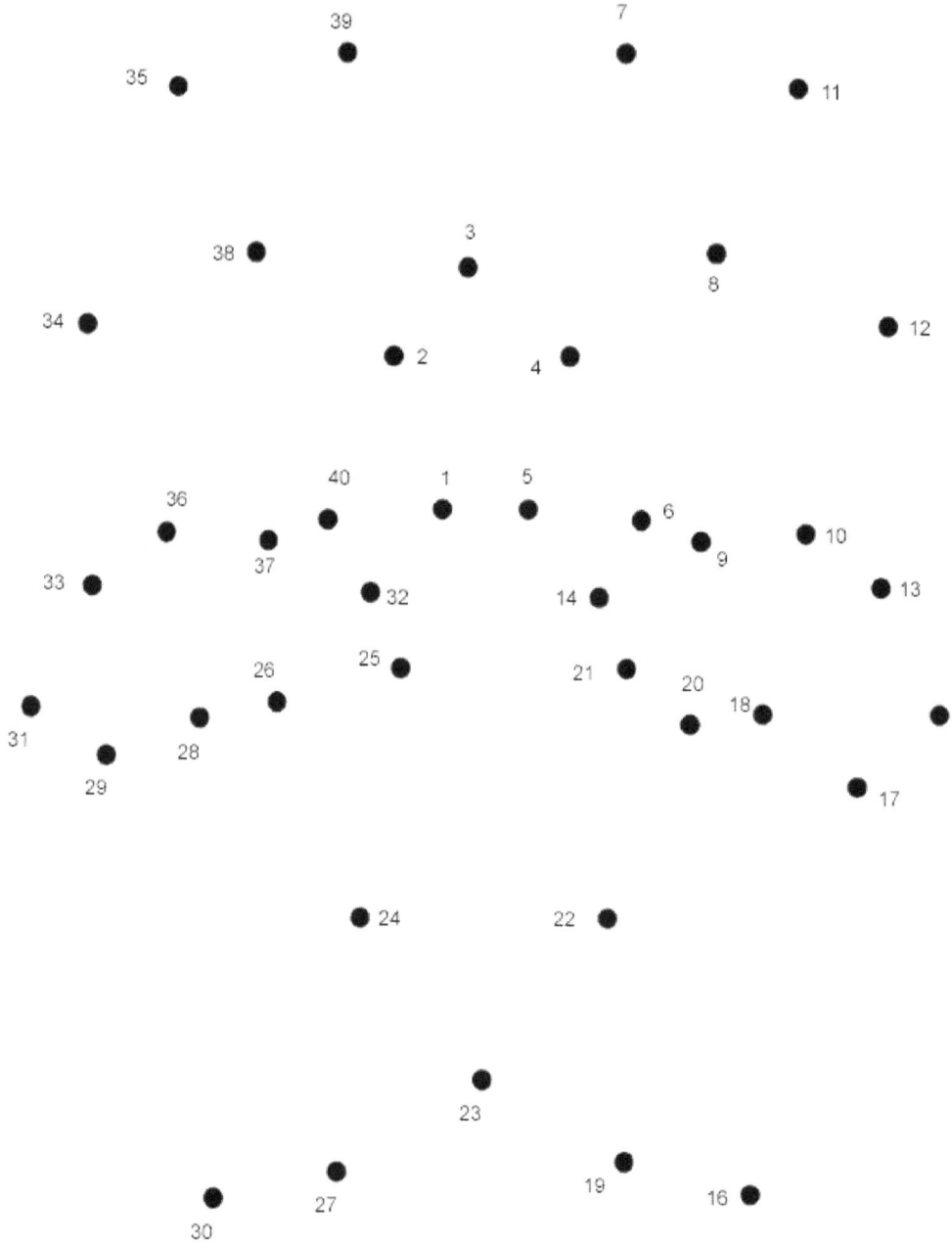

39

7

35

11

3

38

8

34

12

2

4

40   1   5

36   6

37   9   10

33   32   14   13

26   25   21   20   18

31   28

29   17

24   22

23

19   16

27

30

गलतियों को चिन्हित करें

चित्र में 6 गलतियाँ छिपी हैं, क्या आप उन्हें खोज सकते हैं?

बिन्दुओं को मिलायें

बिन्दुओं को मिलाकर चित्र पूरा करें और इसमें खूबसूरत रंग भरें।

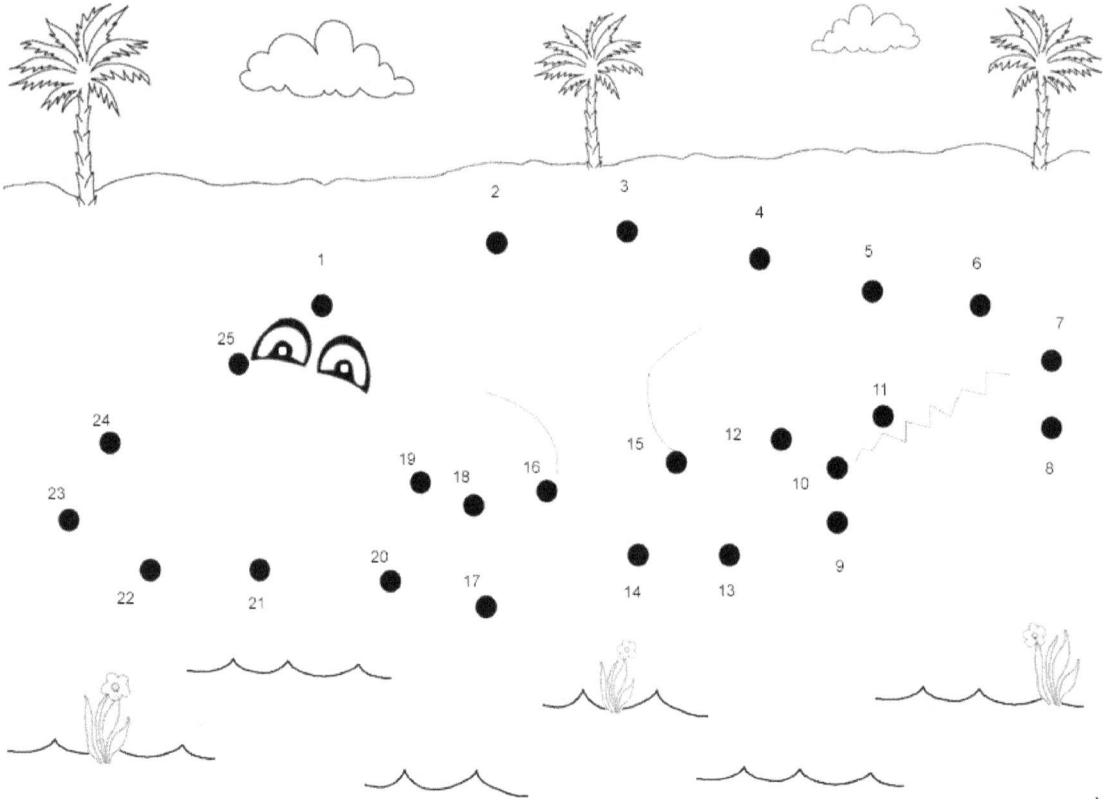

रविवार की सैर

तीन भालू रविवार को घूमने निकले। छोटे भालू ने खुद को कहीं छुपा लिया है। क्या आप छोटे भालू को खोज सकते है?

अन्तर खोजें

दोनो चित्रों में 10 अन्तर छिपे हुये हैं। उन्हें खोजे और चिन्हित करें।

मदर्स डे शब्द पहेली

नीचे दी गई कुंजियों की सहायता से शब्द पहेली हल करें।

Mother

MOTHER

Word List		Across	Down
Card	Kisses	2. A short name for Mother	1. We might go _____ Grandma
gift	thank	5. A present	3. How about some hugs and _____
mom	spring	7. How about some _____ and kisses	4. We say_____ you for the gifts
visit	flowers	8. The season is _____	6. Mail a _____ Grandma
hugs		9. She might plant these in her garden	

35

बिग बूट भूलभूलैया

इस भूलभूलैया के बाहर निकलने का रास्ता दिखाओ और रंग भरो।

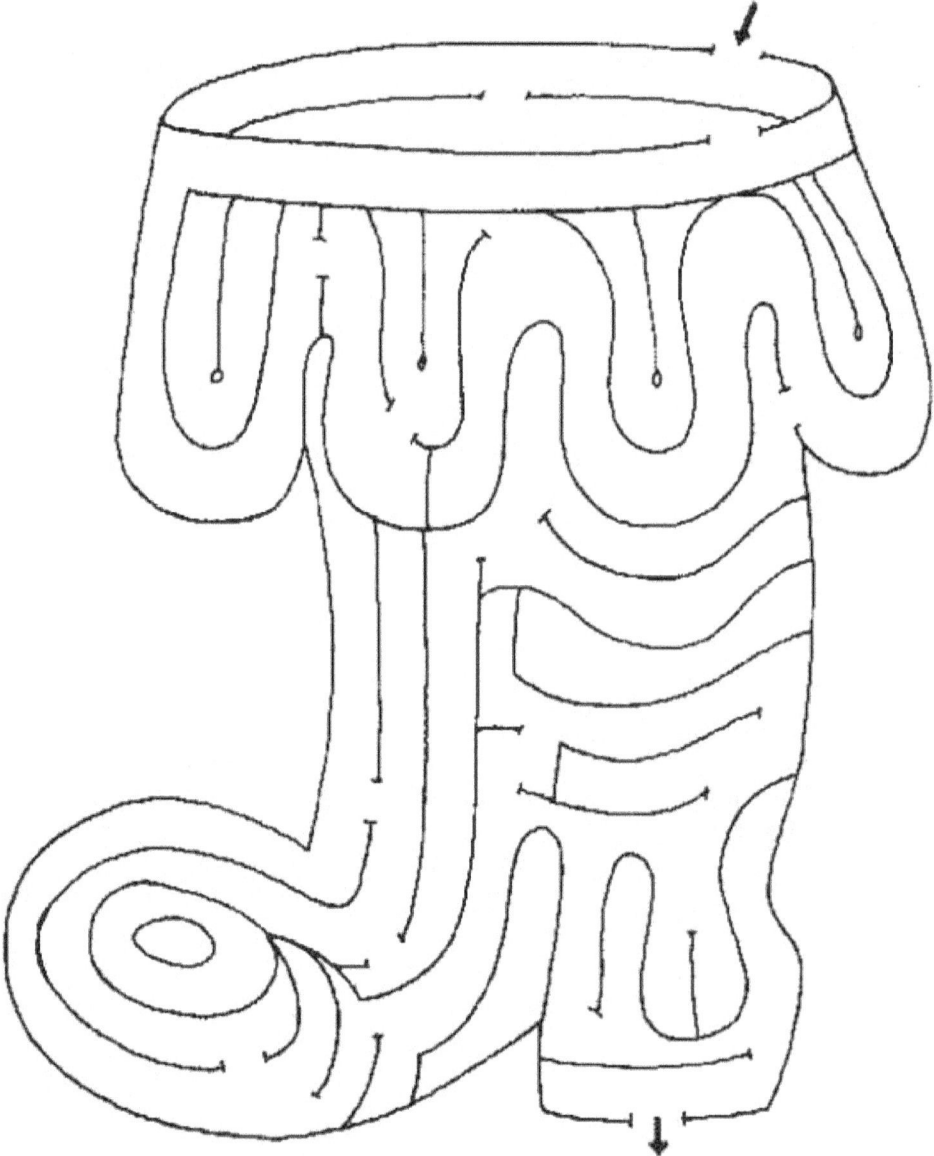

समुद्र तट शब्दावली

नीचे दिये गये शब्द समूह में से अंग्रेजी में समुद्र तट के शब्दों को खोजें।

At the Beach

o	l	a	c	u	c	c	c	c	b	c	d
j	o	r	n	u	i	a	y	z	w	y	l
d	t	g	x	q	d	s	o	s	a	n	d
w	i	r	h	p	h	t	w	n	j	h	b
w	o	m	z	w	z	l	v	j	m	b	n
f	n	t	u	b	e	e	v	z	m	h	o
s	w	i	m	m	i	n	g	s	u	i	t
c	t	o	w	e	l	k	q	z	b	f	o
r	v	u	l	b	a	l	l	o	j	s	v
a	u	z	g	g	j	b	e	a	c	h	d
b	s	u	n	g	l	a	s	s	e	s	z
i	c	e	c	r	e	a	m	u	b	a	x

beach towel castle

crab sand lotion

sunglasses swimming suit

tube ball ice cream

ग्रीष्मकालीन शब्दावली

नीचे दिये गये शब्द समूह में से अंग्रेजी में गरमी के शब्दों को खोजें।

Summer Search

```
D R P S U N T A N I C E C R E A M
Z F C H U S U N B U R N F N J E N
Y I A H G H B O A T C O U S U G B
W R U E F F I S H I N G O I N L E
M K G U T I B I K I N I C W E O A
N Q U B E E W A T E R M E L O N C
A N S W I M M I N G J L W G B B H
Y Q T A C I P Q T O U Q N J D O H
V R N N G X S G T W L X X G R L Y
A L T F C M F Q D P Y S D A P C D
C O L O A O A X G C M A I T P C E
A T W S M S N S U N G L A S S E S
T I O H P Q F X D F T E N T P X L
I O V O I U I W Q K R H O T B M C
O N J R N I M U F F H L K G L R W
N Z R T G T X J Z K L H A T X Z T
B K N S V O Q W J V X X R D W E B
```

August	hat	shorts
beach	hot	sunburn
bikini	ice cream	sunglasses
boat	July	suntan
camping	June	swimming
fan	lotion	tent
fishin	mosquito	vacation

जंगली पक्षी

नीचे दिये गये शब्द समूह में से अंग्रेजी में जंगली जानवरों को खोजो।

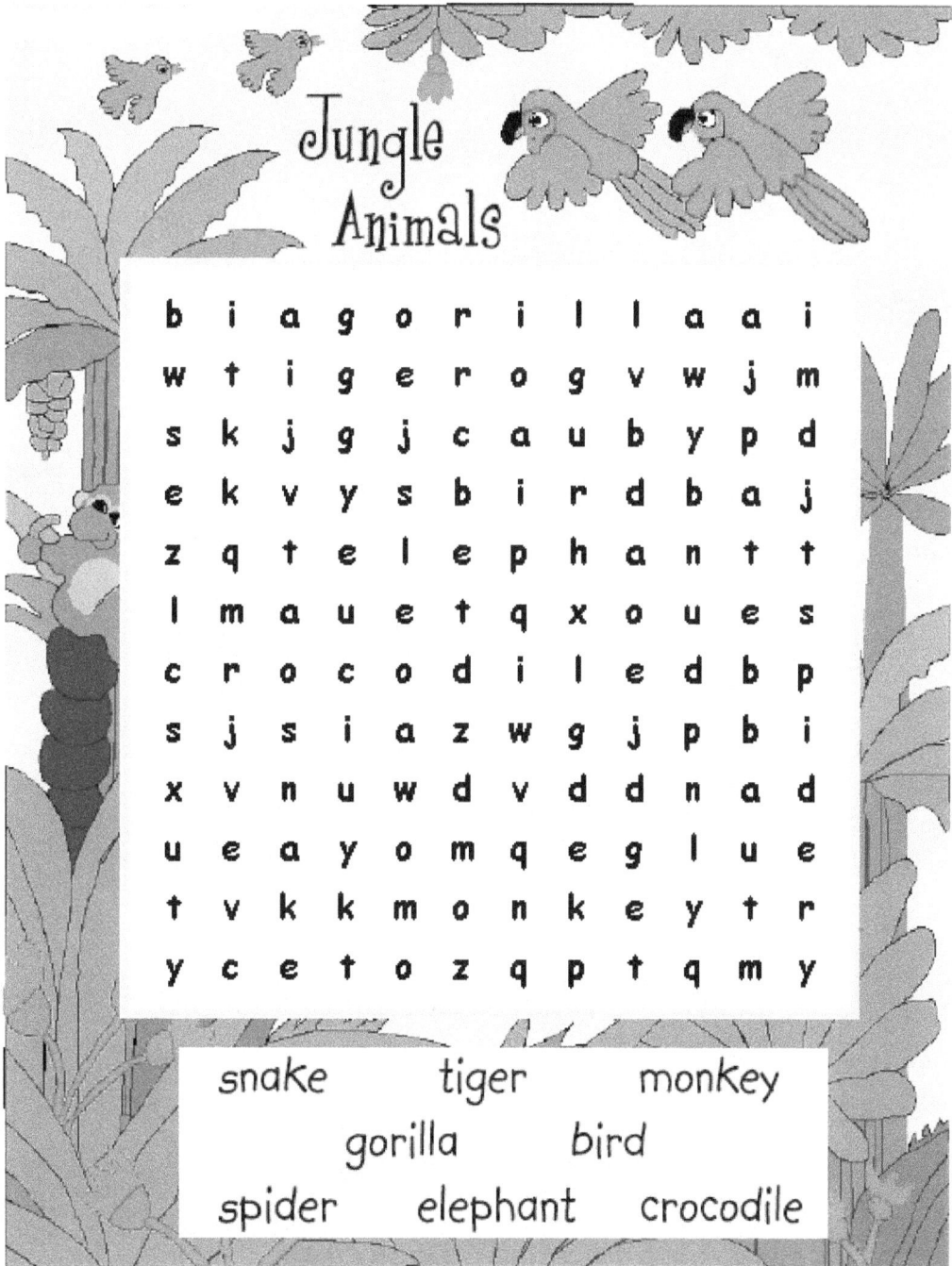

Jungle Animals

b	i	a	g	o	r	i	l	l	a	a	i
w	t	i	g	e	r	o	g	v	w	j	m
s	k	j	g	j	c	a	u	b	y	p	d
e	k	v	y	s	b	i	r	d	b	a	j
z	q	t	e	l	e	p	h	a	n	t	t
l	m	a	u	e	t	q	x	o	u	e	s
c	r	o	c	o	d	i	l	e	d	b	p
s	j	s	i	a	z	w	g	j	p	b	i
x	v	n	u	w	d	v	d	d	n	a	d
u	e	a	y	o	m	q	e	g	l	u	e
t	v	k	k	m	o	n	k	e	y	t	r
y	c	e	t	o	z	q	p	t	q	m	y

snake	tiger	monkey
gorilla	bird	
spider	elephant	crocodile

39

बिन्दुओं को मिलायें

बिन्दुओं को मिलाकर चित्र पूरा करो और मनचाहा रंग भरो।

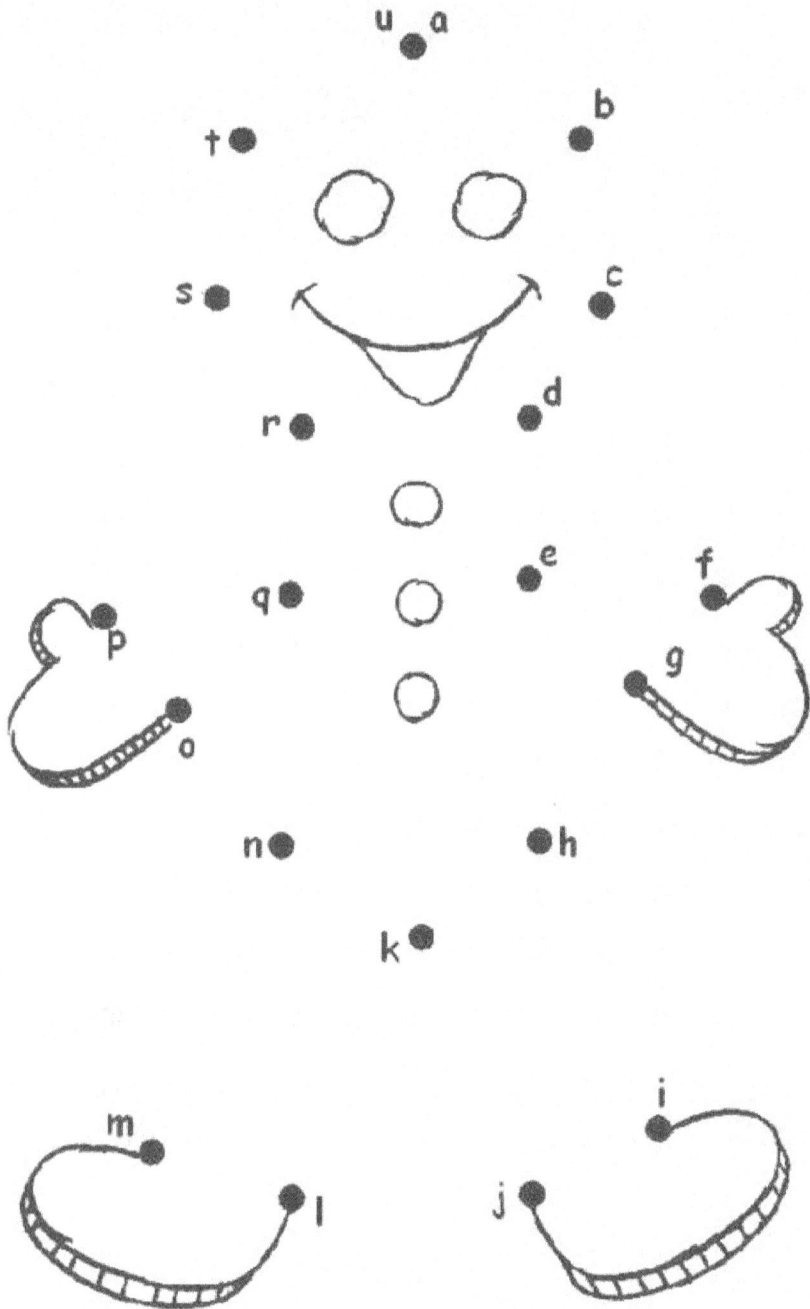

स्नानागार वस्तुयें

नीचे दिये गये शब्द समूह में से अंग्रेजी में बाथरुम की वस्तुओं के नाम खोजें।

T	O	O	T	H	B	R	U	S	H
O	H	A	I	R	B	R	U	S	H
P	A	S	Q	R	B	G	D	E	T
T	O	S	H	L	S	O	B	G	D
T	O	O	T	H	P	A	S	T	E
O	I	S	H	A	M	P	O	O	T
I	L	S	T	B	D	R	A	W	T
L	T	I	S	S	U	E	P	R	O
E	M	P	S	V	Z	C	G	J	L
T	O	W	E	L	M	P	S	V	Y

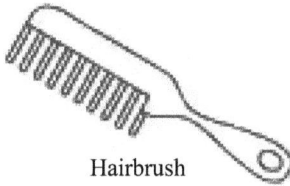

Hairbrush

Shampoo

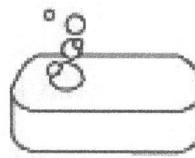

Soap

Toothbrush

Tissue

Towel

Toilet

Toothpaste

Oil

Dettol

41

शब्द खोज पहेली - जानवरों के बच्चें

नीचे दिये गये संकेतों से जानवरों के बच्चों के नाम खोजें।

C	Y	B	A	S	B	L	A	M	B
H	H	S	C	U	B	C	R	A	E
I	Q	D	Y	A	D	R	O	W	D
C	B	P	L	O	R	K	U	X	A
K	D	U	C	K	L	I	N	G	H
E	T	P	A	V	E	T	E	L	S
N	A	P	L	T	A	T	M	O	C
T	O	Y	F	R	S	E	I	N	O
D	A	I	F	A	W	N	N	B	L
K	I	D	A	N	K	N	W	A	T

Fawn

Colt

Puppy

Duckling

Cub

Chicken

Calf

Kid

Kitten

Lamb

जानवरों की आवाज

नीचे दिये गये संकेतों से जानवरों की आवाजों के लिए शब्द खोजें।

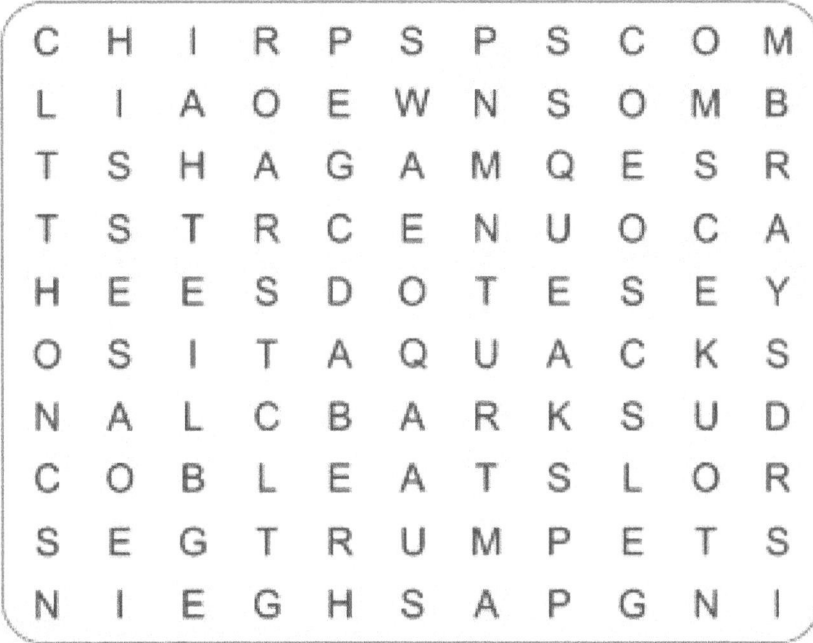

C	H	I	R	P	S	P	S	C	O	M
L	I	A	O	E	W	N	S	O	M	B
T	S	H	A	G	A	M	Q	E	S	R
T	S	T	R	C	E	N	U	O	C	A
H	E	E	S	D	O	T	E	S	E	Y
O	S	I	T	A	Q	U	A	C	K	S
N	A	L	C	B	A	R	K	S	U	D
C	O	B	L	E	A	T	S	L	O	R
S	E	G	T	R	U	M	P	E	T	S
N	I	E	G	H	S	A	P	G	N	I

Bird–Chirps

Donkey – Brays

Duck – Quacks

Elephant -Trumpers

Goat – Bleats

Horse – Nieghs

Lion – Roars

Snake – Hisses

Dog – Barks

Squirrel – Squeaks

मगरमच्छ मामा

शिकारियों के पहुँचने से पहले, मगरमच्छ मामा को उनके अंडो तक पहुँचने में मदद करो।

छोटी चिड़ियाँ

दुष्ट चील के पहुँचने से पहले छोटी चिड़ियों को उनके घोंसले से निकलने में मदद करो।

क्रिसमस सान्ता शब्द पहेली

नीचे दिये गये शब्द समूह में से अंग्रेजी में क्रिसमस शब्द खोजें।

```
K  Z  D  S  T  O  C  K  I  N  G  S  W  S  Z
U  E  H  P  Q  J  Q  H  M  T  E  N  Z  A  P
R  B  R  A  R  D  X  X  R  J  O  L  U  N  J
K  S  T  C  V  E  E  H  B  I  N  B  T  T  M
D  N  T  C  Z  G  S  C  F  T  S  E  S  A  T
Y  W  J  A  A  T  P  E  E  F  R  T  S  C  A
X  B  Z  S  R  N  X  U  N  M  S  E  M  L  Y
B  M  G  X  Z  M  D  F  V  T  B  L  E  A  W
F  I  G  Q  W  Z  Q  Y  Y  L  S  E  A  U  S
P  S  L  E  I  G  H  S  G  B  B  W  R  S  Q
```

Christmas	Presents	Santa Claus	Sleigh	Tree	Red
December	Star	Candy		Stockings	

गणितीय शब्द

नीचे दिये गये शब्द समूह में से अंग्रेजी में गणितीय शब्दावली को खोजें।

```
E H W R A E D I V S D G E R O K E
M J H E R O M A R D A E Z F H T F
U F I D S U B T R A C T I O N E W
L S G D O G E L P O Y D E M U P E
T U L F R A C T I O N B F M L E F
I K O D G N F M U L F G T T A N A
P D E S D W J G A I O G F H F T G
L I F Z G A D D I T I O N R D A F
I C D F K H C O V F R B E Z M G Q
C U D I V I S I O N B P R A X O D
A W U A R D M O R V A O W O R N G
T G A O H J F S H R I L O R G L O
I H D E S C R A E L W Y R T H J D
O P X X Q A O S X Y Z G W R D J I
N W O G U H N Q A P E O R A S D E
T J S R A S R O G O R N D S D G G
A Q E S R D R H O D V G A W I D W
B R P F E H S A N G H I S H Q G A
L H D H D F Y Q K D G V B W O P X
E Q R M U L T I P L I C A T I O N
K S J K R G E Y F Z D G H D K U H
```

WORD BANK:

Addition
Pentagon
Multiplication
Fraction
Division
Sqaure
Multiplication Table
Hexagon
Polygon
Subtraction

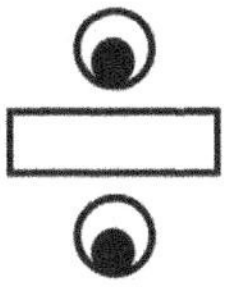

बिन्दुओं को मिलायें

बिन्दुओं को मिलाकर क्रिसमस पेड़ को पूरा करें। और सुन्दरता से रंग भरें।

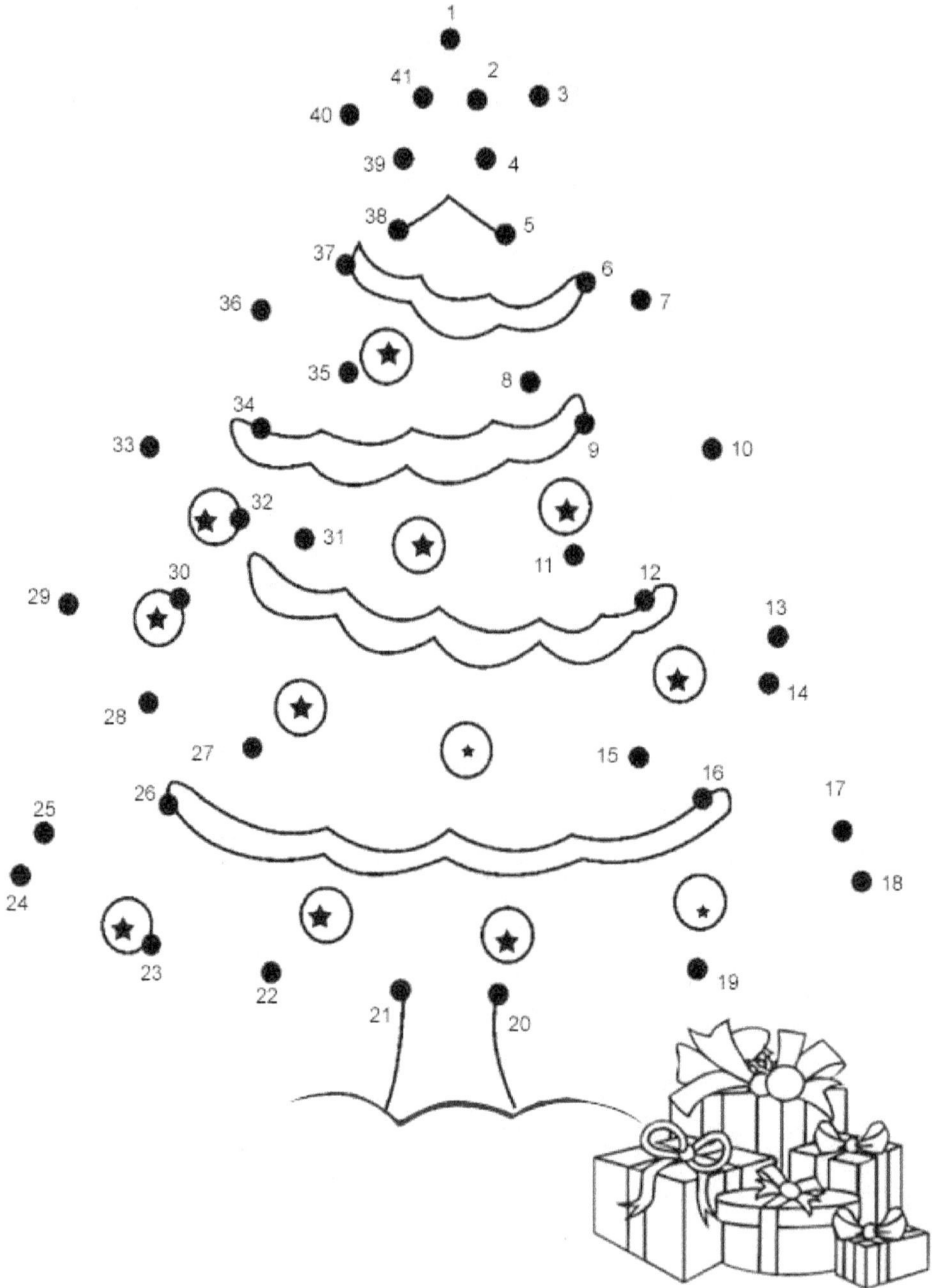

मक्का खेत विपत्ति

दिये गये शब्द समूह में से मक्का खेतों की विपत्तियों के नाम अंग्रेजी में खोजें।

AUTUMN	CORN	FIELD	GOOD	HAIL
HIDE	HUNT	LOST	NICHOLAS	RAHAB
RIGHT	SEEK	STEAL	WILL	WRONG

```
F  Q  A  U  T  U  M  N  C  R  K  O
H  I  W  G  G  O  U  C  O  A  C  N
E  U  E  W  O  D  V  M  R  H  S  I
H  A  I  L  O  S  T  W  N  A  E  C
F  L  H  I  D  E  R  J  H  B  E  H
L  B  B  U  U  O  V  H  S  O  K  O
Z  Y  B  F  N  D  S  A  F  T  B  L
S  N  F  G  C  T  H  G  I  R  Y  A
E  C  J  G  E  O  J  T  B  H  L  S
P  B  G  A  O  V  Z  K  K  M  V  Y
C  U  L  P  B  M  S  V  I  P  V  D
U  B  V  T  Y  P  V  U  U  O  E  J
```

शब्द खोजें

क्या आप घर में छिपे हुये नीचे दिये गये शब्द खोज सकते हैं?

Netmums Wordsearch – My house

```
S N E W K K L H F O
P M C W I N D O W I
G C F P T D O U X B
N J L R C R Y S O K
E L O G H B D E N N
R O O M E I F E N G
D A R N N G D J E H
N I T C P R D F U Z
M H N D A E V M L E
W E G G H F H N K A
```

house, roof, room, door, window, garden, kitchen, floor

अगल कौन?

प्रत्येक पंक्ति में एक भिन्न और दो समान आकृतियाँ है। भिन्न आकृति को को बाहर निकालें।

बिन्दुओं को मिलायें

बिन्दुओं को मिलायें और दिये गये चित्र को पूरा करें।

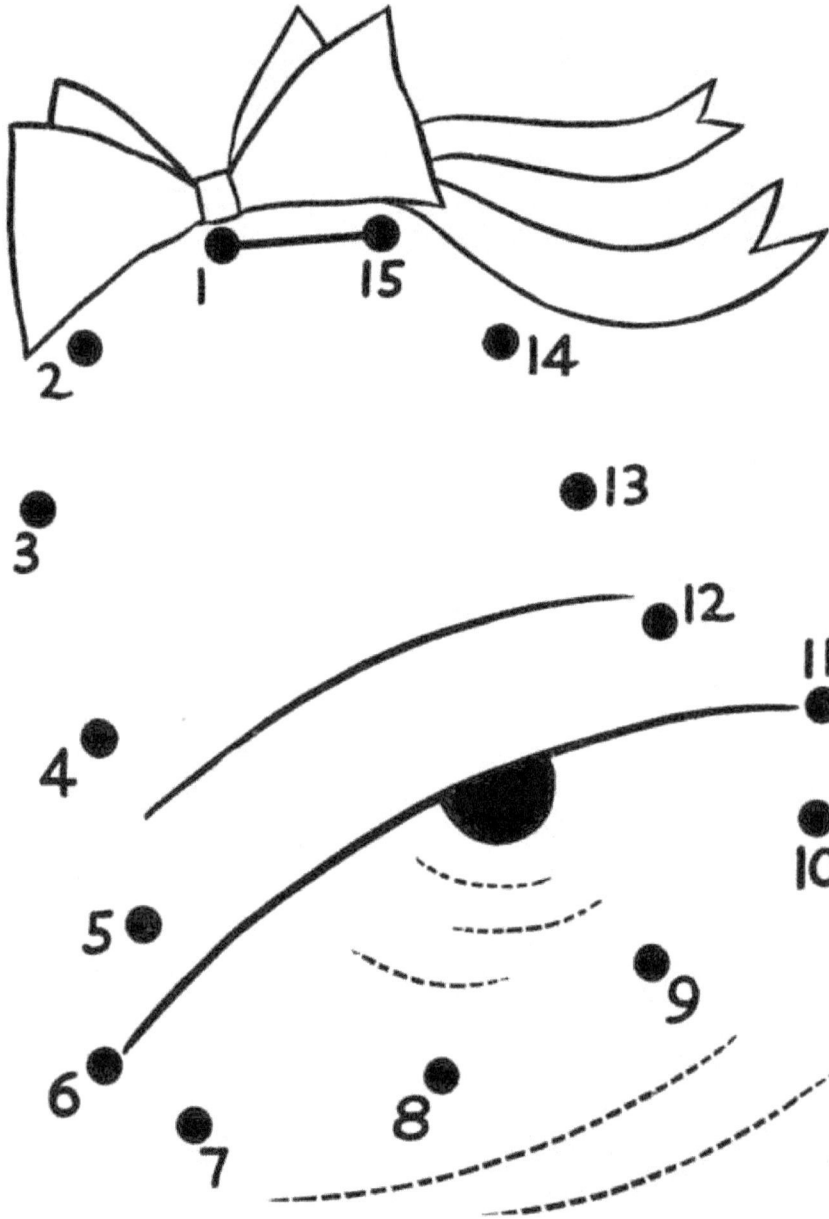

अलग कौन?

प्रत्येक पंक्ति में जो दूसरों से अलग है उसके नीचे एक नीली बिन्दी रखें।

आओ जासूस-जासूस खेलें

एक भालू दूसरों से भिन्न है। उसे खोजें और रंगें।

दूसरों से भिन्न जोकर को चिन्हित करें और उसे रंगे।

लकड़ी का घोड़ा

कौन-सा लकड़ी का घोड़ा खेलने के लिए तैयार है?

HOBBY · HORSE · QUIZ

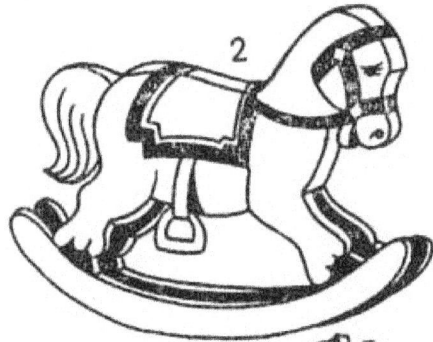

ANSWER
Number three is complete.

अन्तर खोजें

प्रत्येक पंक्ति में जो अन्य से अलग है उसे खोजें और रंग भरें।

चूहे और उनकी पार्टी

कितने चूहे पार्टी का मजा ले रहे है? उन सबको रंगो।

बिन्दु से बिन्दु मिलायें

बिन्दु से बिन्दु मिलाओं और चित्र पूरा करें।

बत्तख और उसके बच्चे

बत्तख मम्मी अपने तीन बच्चों को खोज रही है। क्या आप उनकी मदद कर सकते हैं?

बिन्दुओं को मिलायें

बिन्दुओं को मिलाकर चित्र पूरा करें और रंग भरें।

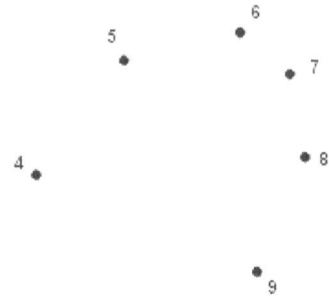

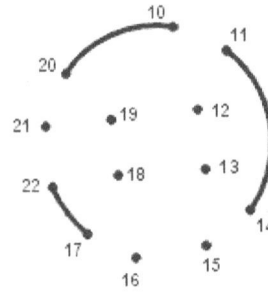

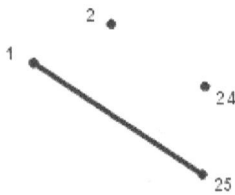

पिकनिक

छः लड़के और लड़कियाँ पिकनिक मनाने के लिए आये है लेकिन वह छिप गये हैं। उन्हें खोजो?

भूखा कीड़ा

नीचे दिये गये शब्द समूह में से शब्दों को खोजें और शब्द पहेली हल करें।

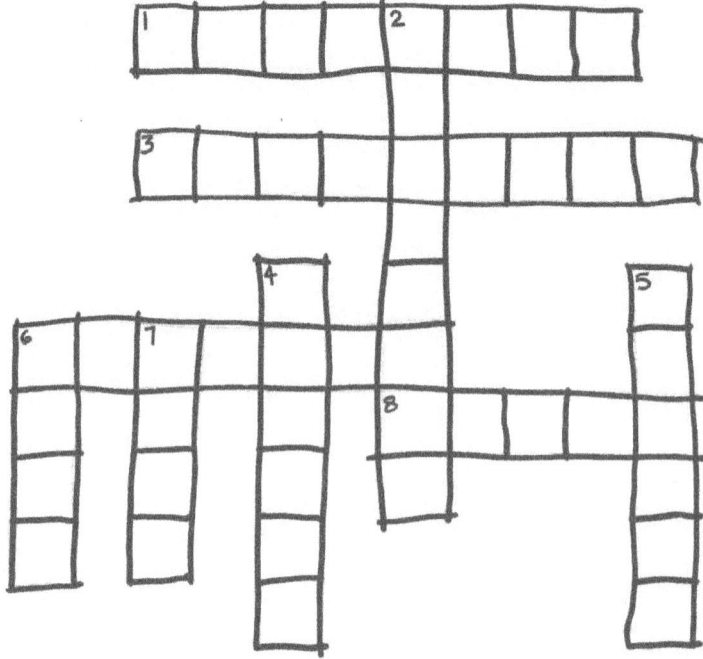

1
2
3
4
5
6
7
8

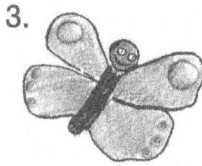

ACROSS
1.
3.
6.
8.
DOWN
2.
4.
5.
6.
7.

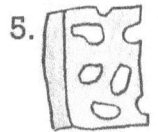

WORD BANK
Cross these words off after you've used them.

APPLE	CHEESE	LOLLIPOP
BUTTERFLY	CUPCAKE	PLUM
CAKE	ICE CREAM	SALAMI

शब्द खोज

नीचे दिये गये शब्द समूह में से अंग्रेजी में छुट्टी के शब्दों को खोजें।

Take a Vacation

```
E N A L P R I A           B L I M P
E G A I R R A C         D U E K I T E
N V D R U N G Y         [illegible]
  W R       L A         E L C Y C I B
  E A       I C           E A S G D
  L O       D H             L K D
  E B       E T       G     A A M
  V E       R D     E A U   T T O
  A T A H A O E     D O U   O E T
  T A Y I G X H T T N E N T R N O N
  O K N S P E D C P E O P A O A R O S
  R S L S K I E S A O K G O C L C O L K
  J E S H U T T L E O C C A M P Y L E M
  D K C A B E S R O H C I O W T C L I I
  H T E T U H C A R A P E L R E L A G W
  V O E N A L P O R D Y H G E J E B H S
    I R Q   W A H S K C I R A H P Y X
  T R U C K   O S U B W A Y   T L
  T A O B V                 T E S G
  S H I P E                 Q E L B
    C J D                     F Y
```

AIRPLANE	CHARIOT	HYDROPLANE	RUN	SUBWAY
AUTO	DOG SLED	JET PLANE	SHIP	SURREY
BALLOON	ELEVATOR	KITE	SHUTTLE	SWIM
BICYCLE	ESCALATOR	MOPED	SKATE	TRAIN
BOAT	FEET	MOTORCYCLE	SKATEBOARD	TRUCK
BUS	GLIDER	PARACHUTE	SKIES	WAGON
CANOE	HELICOPTER	RICKSHAW	SLEIGH	YACHT
CARRIAGE	HYDROPLANE	ROCKET	STAGECOACH	

टॉमी और मछली

टॉमी मछली पकड़ने की कोशिश कर रहा है, लेकिन पानी में कोई मछली नहीं है। क्या आप बता सकते हैं कि पाँचो छोटी मछलियाँ कहाँ छिपी हैं?

बिन्दुओं को मिलायें

संख्याओं के बढ़ते हुये क्रमानुसार बिन्दुओं को मिलायें और चित्र पूरा करें।

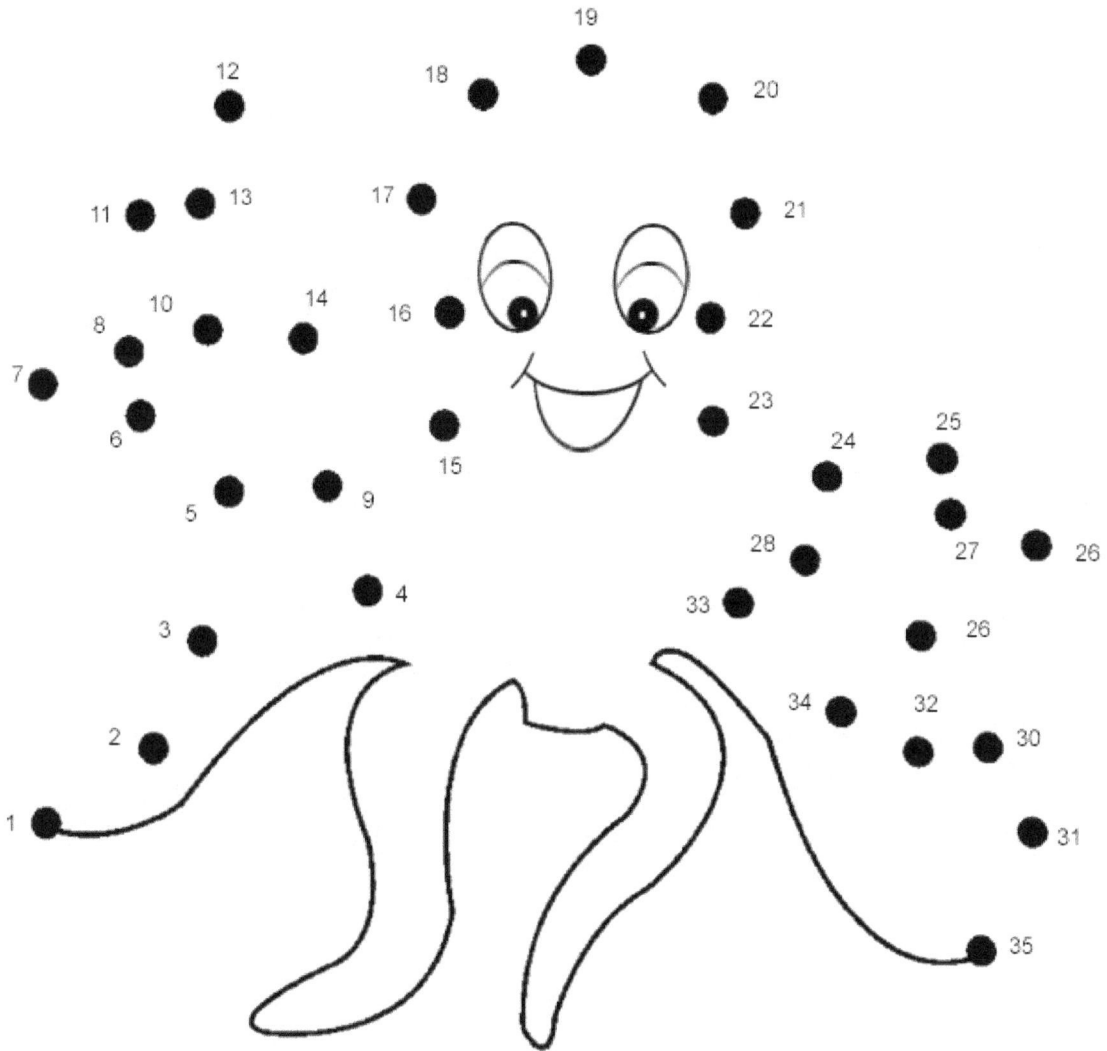

रिंग मास्टर और उसका चेला

रिंग मास्टर और उसका चेला दो कुत्तों को नहीं खोज पा रहे है। क्या आप खोज सकते हैं?

छुपे हुए जानवर

इस पहेली का प्रत्येक वाक्य एक जानवर के बारे में है, उस जानवर का नाम उसी वाक्य में कहीं छिपा है। जैसे 'OWL' इस वाक्य में छिपा है।

"How long has that night bird been in the tree?"

1. This pet sometimes makes awful music at night.
2. This one will do grand tricks for you and wag his tail.
3. Here's an animal that can be a very busy creature.
4. When shall we gather the eggs?
5. He can be a rascal when he comes out of hibernation.
6. This creature molests gardeners with his tunnels.
7. Different from other flying insects, this one travels at night.
8. Who will be ever useful at supplying spread for our bread?
9. We use all we can of his soft fur.
10. This animal likes to copy a person's actions.

1. Cat	3. Beaver	5. Beat	7. Moth	9. Seal
2. Dog	4. Hen	6. Mole	8. Bee	10. Ape

रेखाओं का जादू

नापो और चित्र में रंग भरो।

कौन-सी रेखा लम्बी लगती है?
देखो और नापो

कौन से फूल का केन्द्र बड़ा है? देखो
और नापो

हल करो और रंग भरो

नीचे दिये गये योगों को हल करें, फिर दी गई कुंजियों के अनुसार रंग भरो।

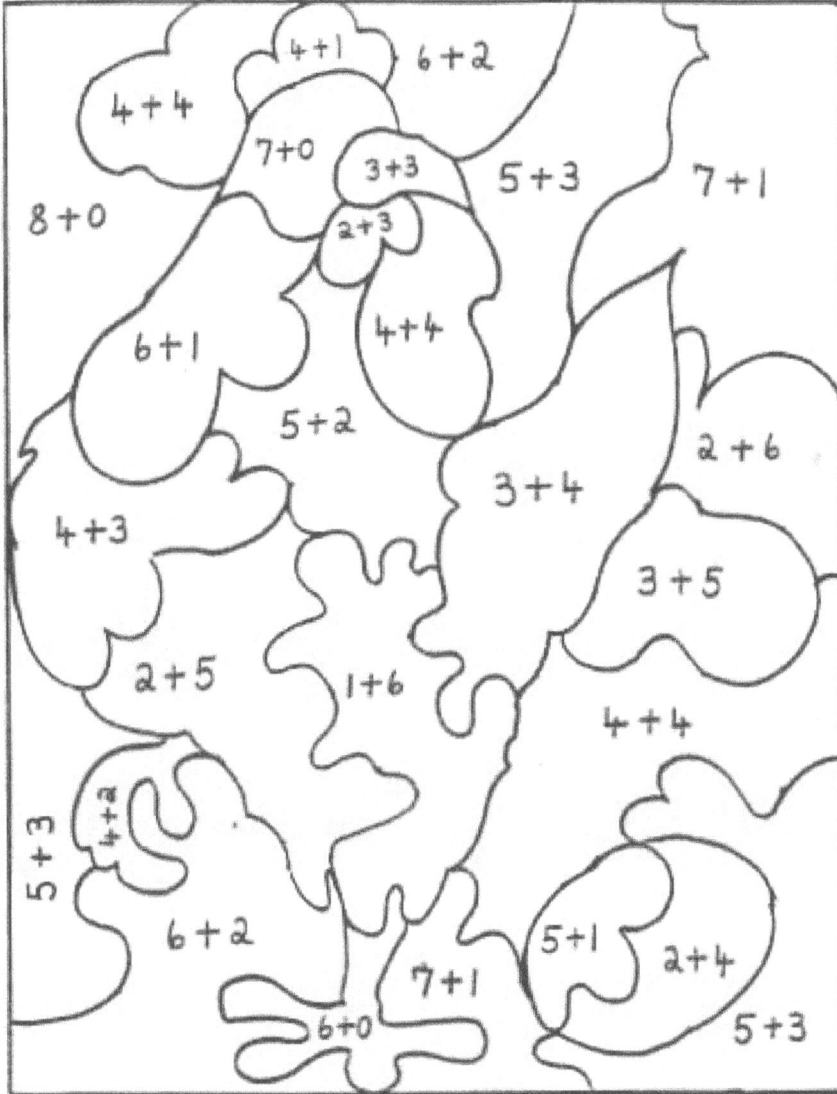

कुंजी

लाल	5	भूरा	7
पीला	6	नीला	8

छोटी मछलियाँ

क्या आप चित्र में छुपी हुई तीन मछलियाँ खोज सकते हैं?

हल करो और रंग भरो

दिये गये सवालों को हल करो फिर नीचे दी गयी कुजियों के अनुसार रंग भरो।

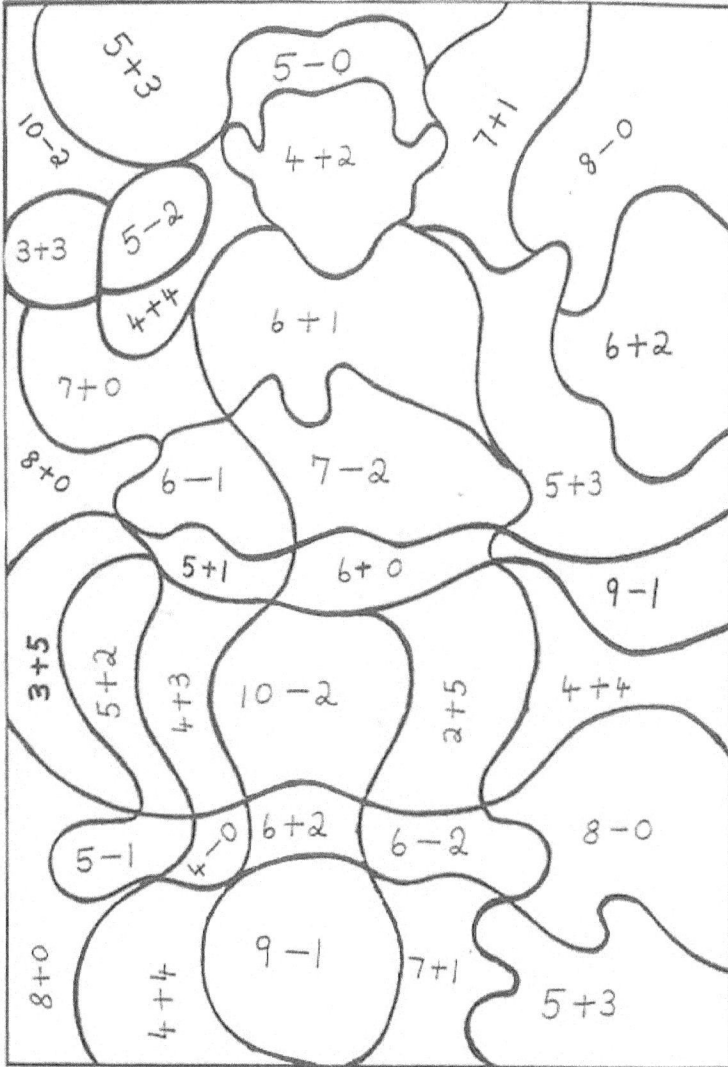

कुंजी

बैंगनी	3	गुलाबी	6
काला	4	नीला	7
नारंगी	5	हरा	8

शब्दों को खोजें

नीचे दिये गये शब्द समूह में से अंग्रेजी के शब्दों को पहेली में खोजें।

u	e	n	o	f	k	z	e	f
r	i	o	c	h	o	q	m	e
s	t	u	d	e	n	t	z	n
b	o	t	t	l	e	w	o	c
n	l	t	e	k	s	a	b	e
v	b	t	e	a	c	h	e	r
y	g	n	i	l	i	a	s	u
a	f	l	l	u	g	a	e	s
i	b	k	i	p	g	u	m	g

mug   bottle

fence   basket

student teacher

seagull sailing

72

शब्दों को खोजें

नीचे दिये गये शब्द समूह में से अंग्रेजी के शब्दों को पहेली में खोजें।

s	r	e	h	c	a	e	t	i
v	b	m	v	y	w	p	m	u
w	e	l	c	y	c	e	r	a
o	p	b	m	u	h	t	v	k
b	t	e	k	c	i	r	c	t
n	u	v	t	i	b	b	a	r
i	u	l	e	t	i	n	k	q
a	s	l	a	d	n	a	s	q
r	v	k	b	i	n	d	e	r

thumb

binder

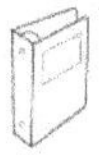

rabbit

recycle

rainbow

teacher

cricket

sandals

73

हल करो और रंग भरो

दिये गये सवालों को हल करो, फिर नीचे दी गयी कुंजियों के अनुसार रंग भरो।

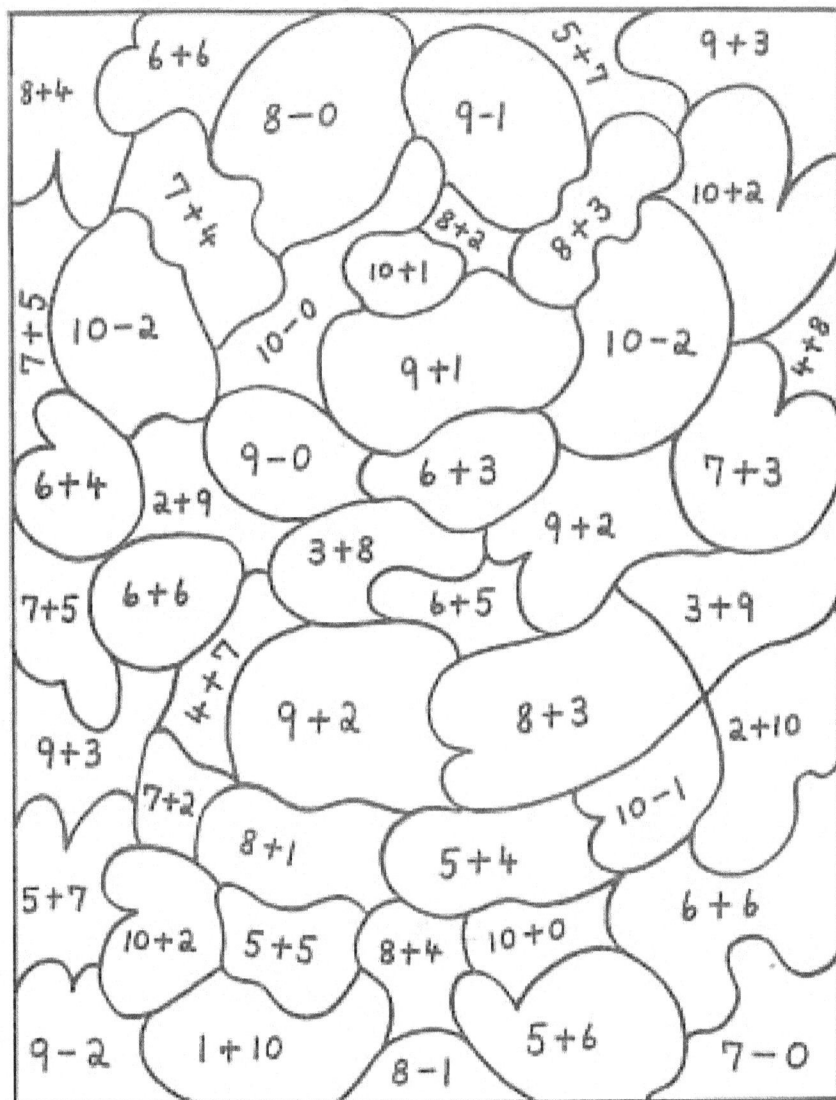

कुंजी

हरा	7	गुलाबी	10
पीला	8	लाल	11
नारंगी	9	नीला	12

74

टॉमी और चूजे

मुर्गी के चूजे कहाँ है? टॉमी को एक मिला है, तीन और खोजो और उन्हें रंगों।

हल करो और रंग भरो

दिये गये सवालों को हल करें नीचे दी गई कुंजियों के अनुसार रंग भरें।

कुंजी

काला	2	पीला	8
लाल	3	हरा	9
सफेद	4	नीला	10

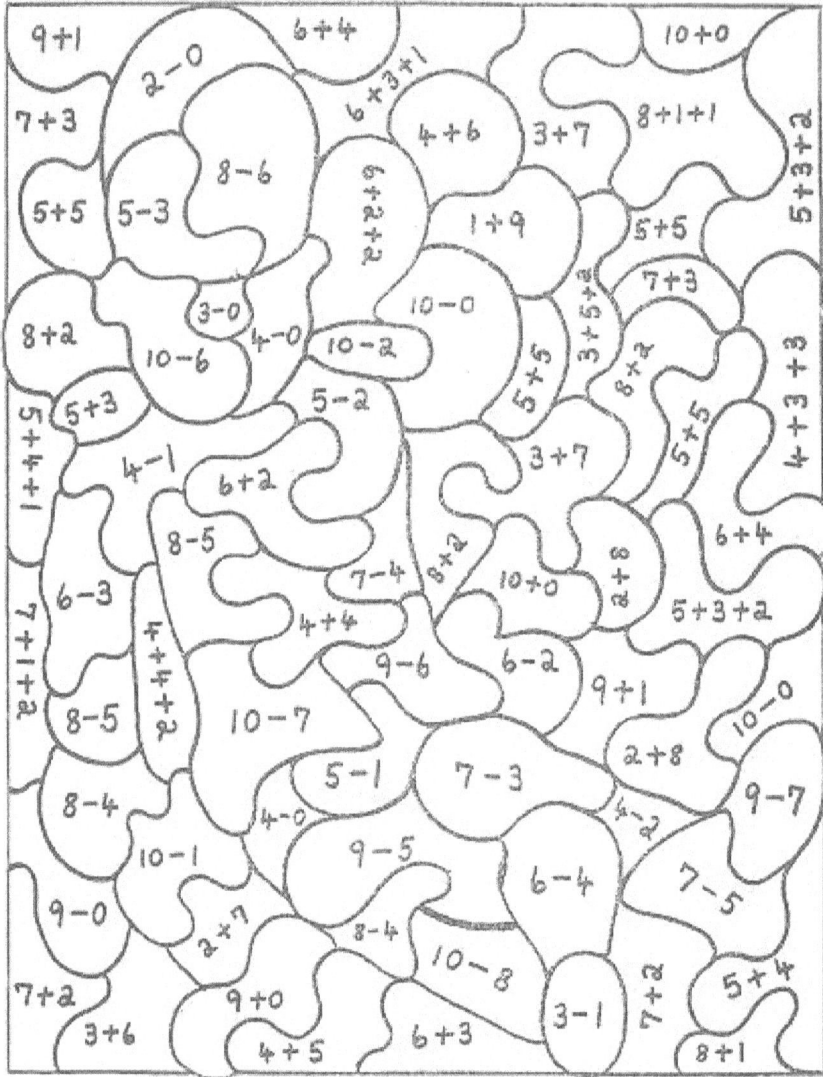

बिन्दु से बिन्दु मिलाओ

ध्यानपूर्वक बढ़ते हुये क्रम में संख्याओं को मिला कर चित्र पूरा करें।

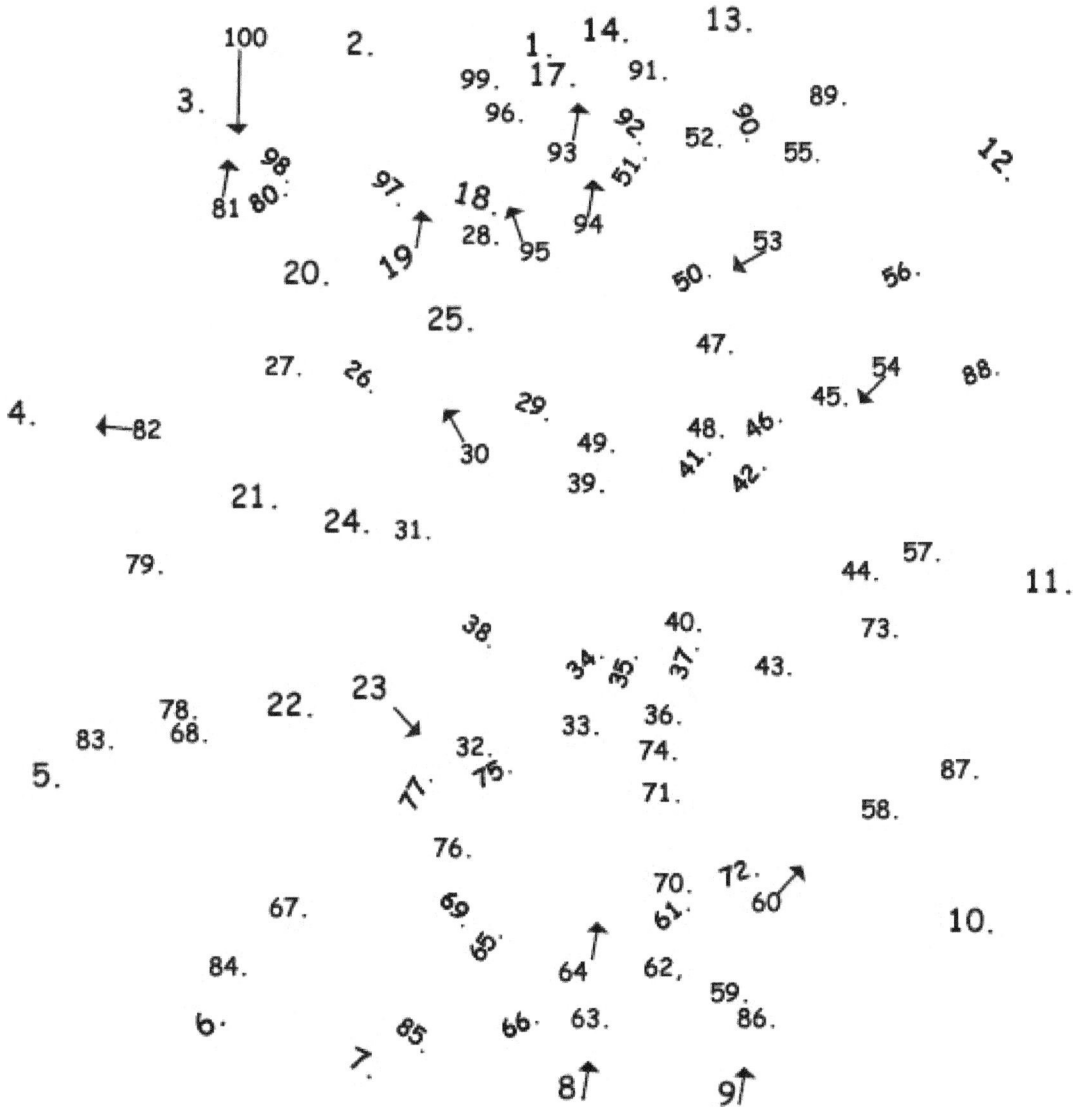

सैली और डॉन

सैली और डॉन पिकनिक मना रहे है। तीन गिलहरियाँ उन्हें देख रही हैं। उन गिलहरियों को खोजो।

नन्हीं परियाँ

नन्हीं परियाँ फूलों में छिप गयी हैं। क्या आप चार परियों के चेहरें, चार जादू की छड़ियाँ और एक बौने को खोज सकते हो?

हल करो और रंग भरो

सावधानी से दिये गये सवालों को हल करो फिर नीचे दी गई कुंजियों के अनुसार रंग भरो।

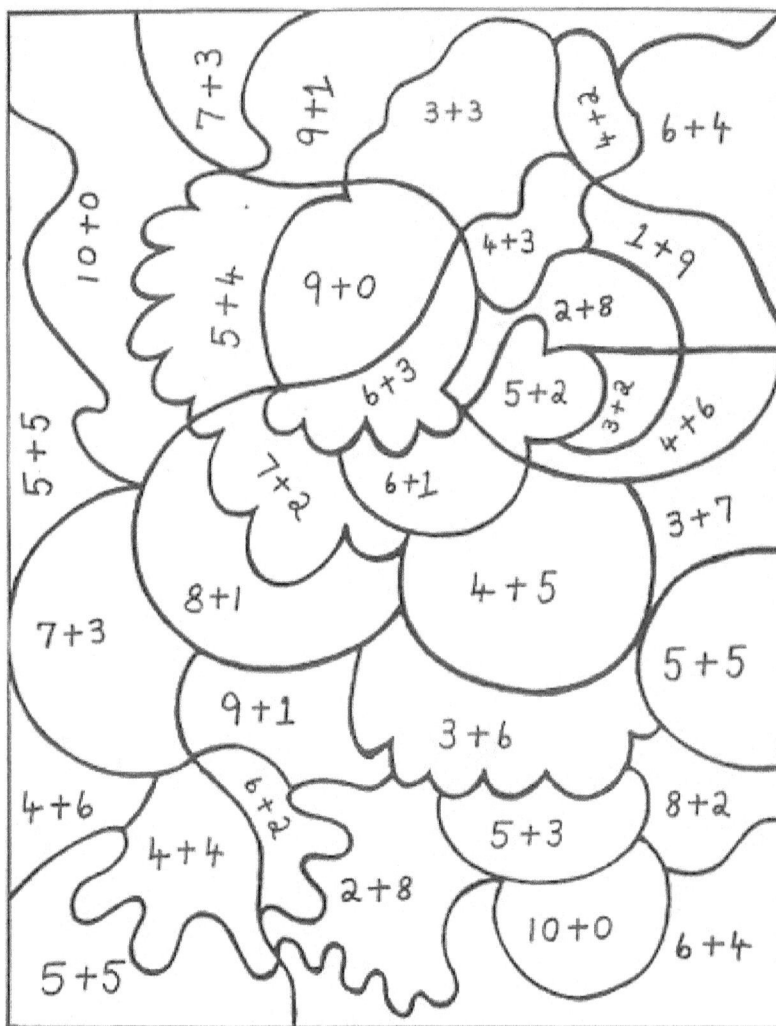

कुंजी

सफेद	5	काला	8
पीला	6	लाल	9
गुलाबी	7	नीला	10

जिल और उसका घोड़ा

जिल अपने घोड़े पर मैदान में घूम रहा है। पाँच छोटी चिड़ियाँ उसे देख रही हैं। उन पाँच छोटी चिड़ियों को खोजो।

शब्द खोज

नीचे दिये गये शब्द समूह में से अंग्रेजी के शब्दों को पहेली में खोजो।

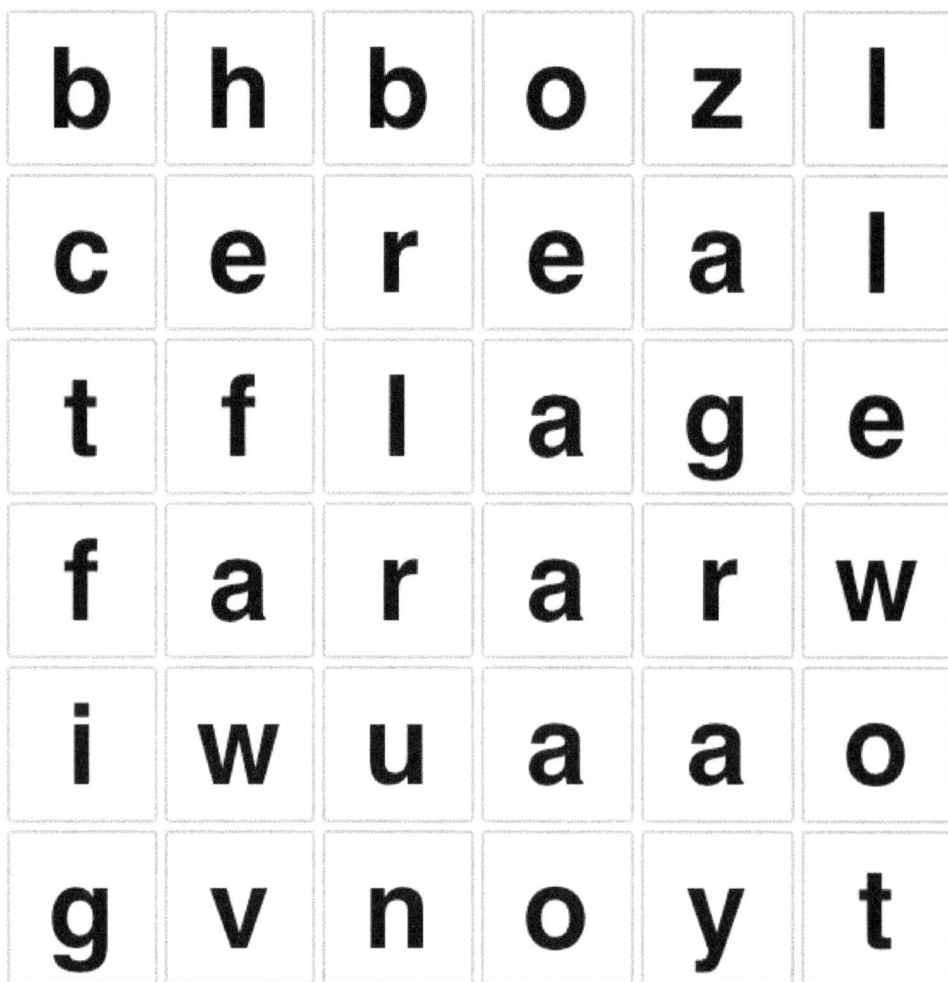

b	h	b	o	z	l
c	e	r	e	a	l
t	f	l	a	g	e
f	a	r	a	r	w
i	w	u	a	a	o
g	v	n	o	y	t

run gray

gift towel

flag cereal

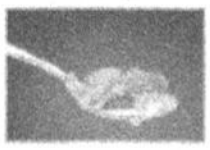

शब्द खोज

नीचे दिये गये शब्द समूह में से अंग्रेजी के शब्दों को पहेली में खोजो।

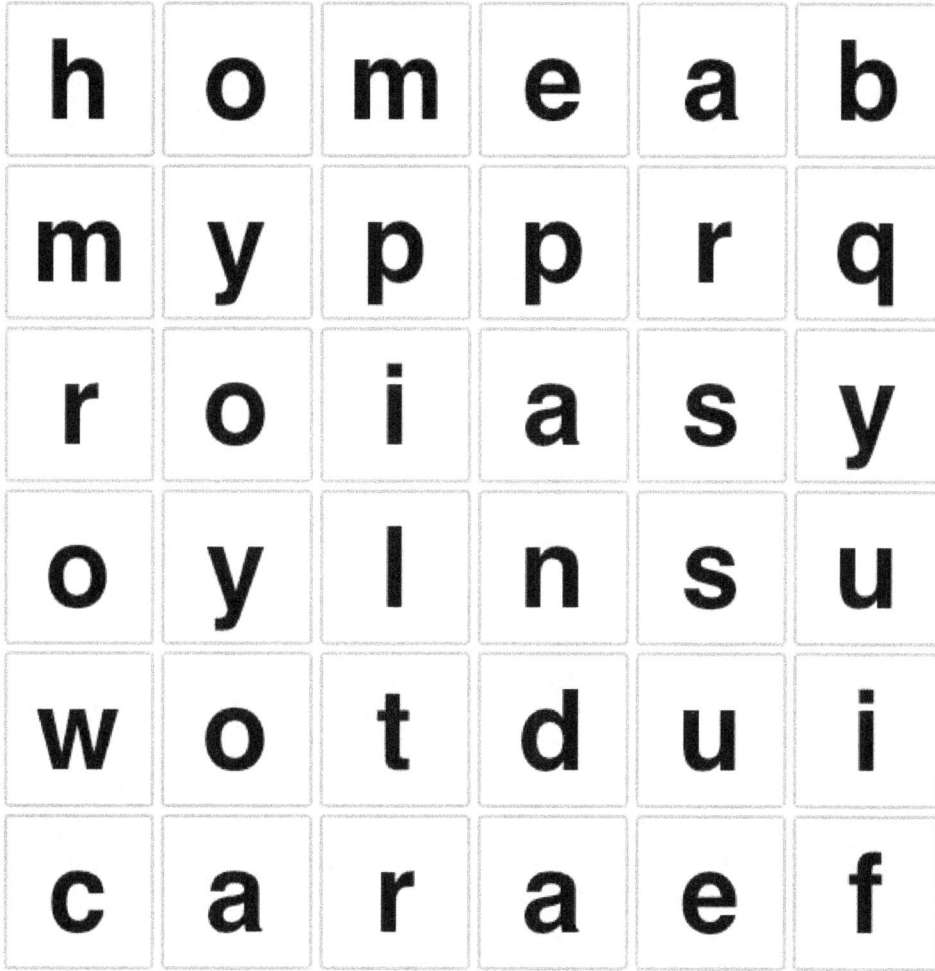

h	o	m	e	a	b
m	y	p	p	r	q
r	o	i	a	s	y
o	y	l	n	s	u
w	o	t	d	u	i
c	a	r	a	e	f

car    yoyo

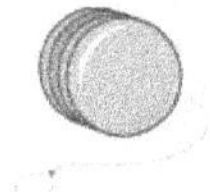

lip    home

worm    panda

तीन छोटी चिड़ियाँ

तीन छोटी चिड़िया अपनी माँ से लुका-छिपी खेल रही हैं। तीनो चिड़ियों को खोजो।

हल करो और रंग भरो

सावधानी से दिये गये योगों को हल करो, फिर नीचे दी गई कुंजियों के अनुसार रंग भरें।

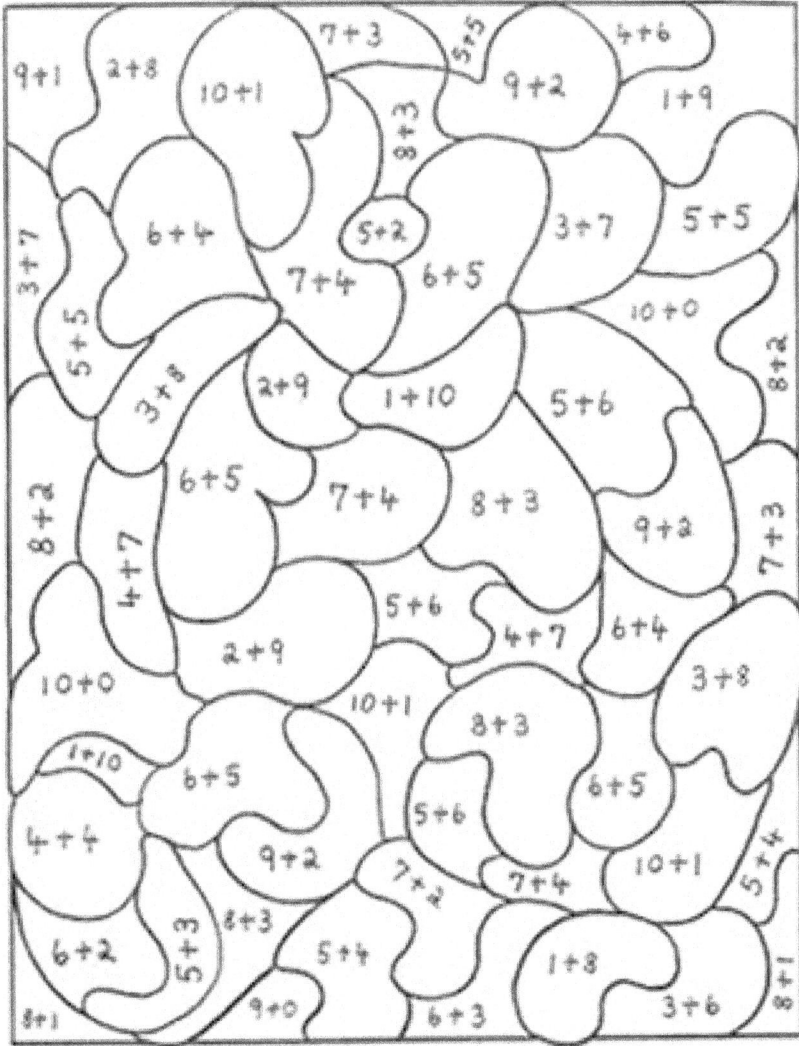

कुंजी

लाल	7	गुलाबी	10
पीला	8	नारंगी	11
नीला	9		

बिन्दु से बिन्दु मिलाओं

सभी बिन्दुओं को मिलाकर शेर का चित्र पूरा करो।

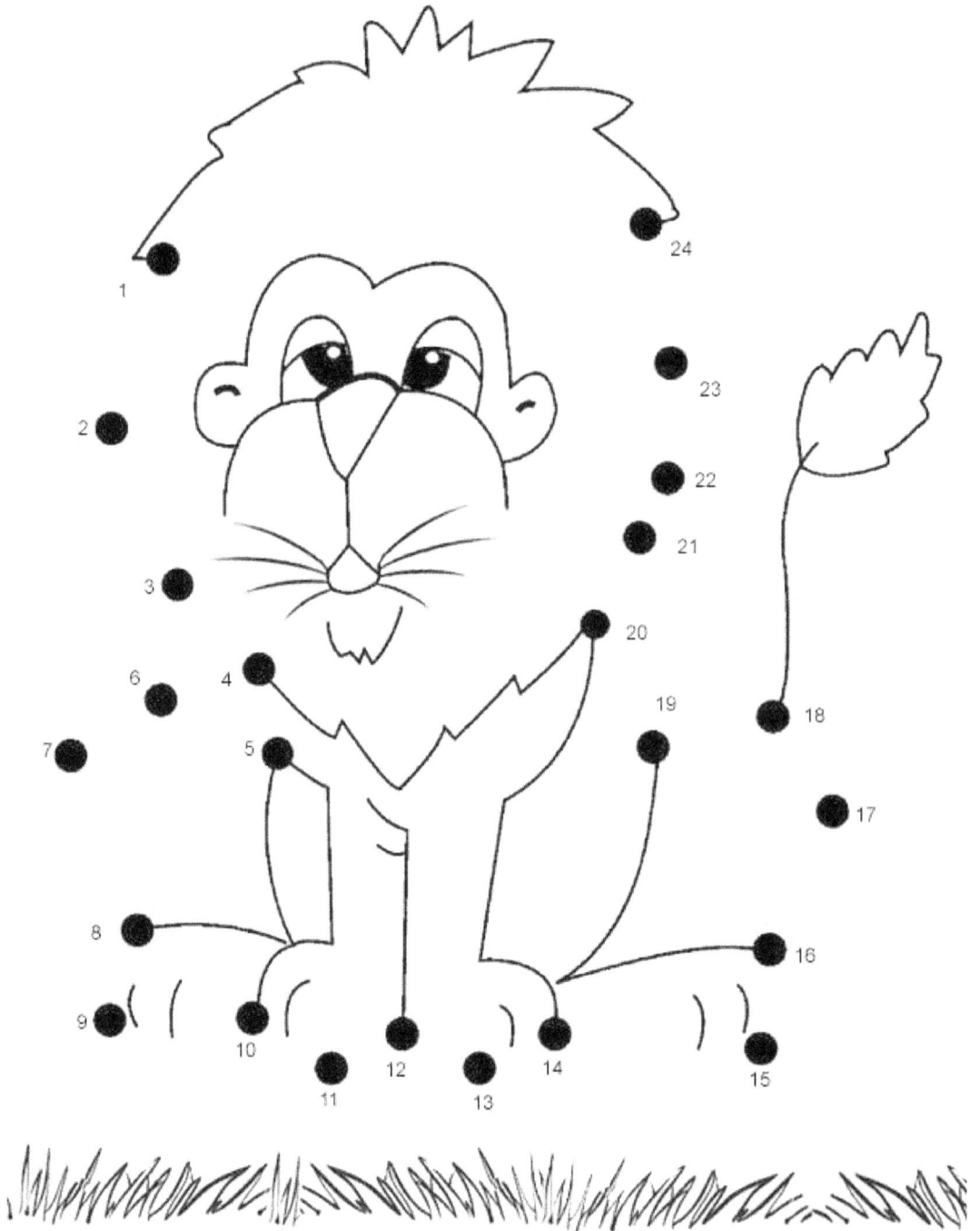

गलतियाँ खोजो

कलाकार ने यहाँ छः गलतियाँ की हैं। देखो, क्या आप सारी गलतियाँ खोज सकते हो?

बिन्दु से बिन्दु मिलाओं

सभी बिन्दुओं को मिलाकर चित्र पूरा करो और उसमें रंग भी भरो।

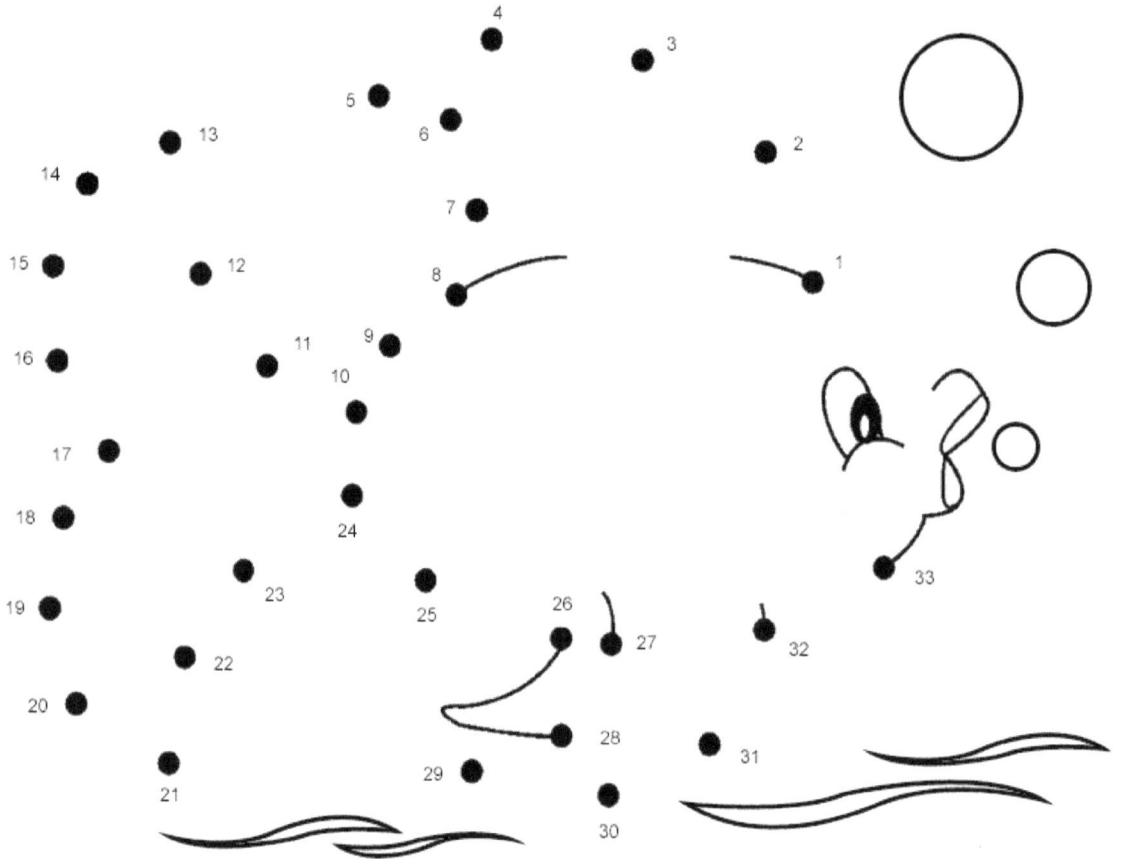

बिन्दु से बिन्दु मिलाओं

सावधानी से सभी बिन्दुओं को मिलाकर चित्र पूरा करो।

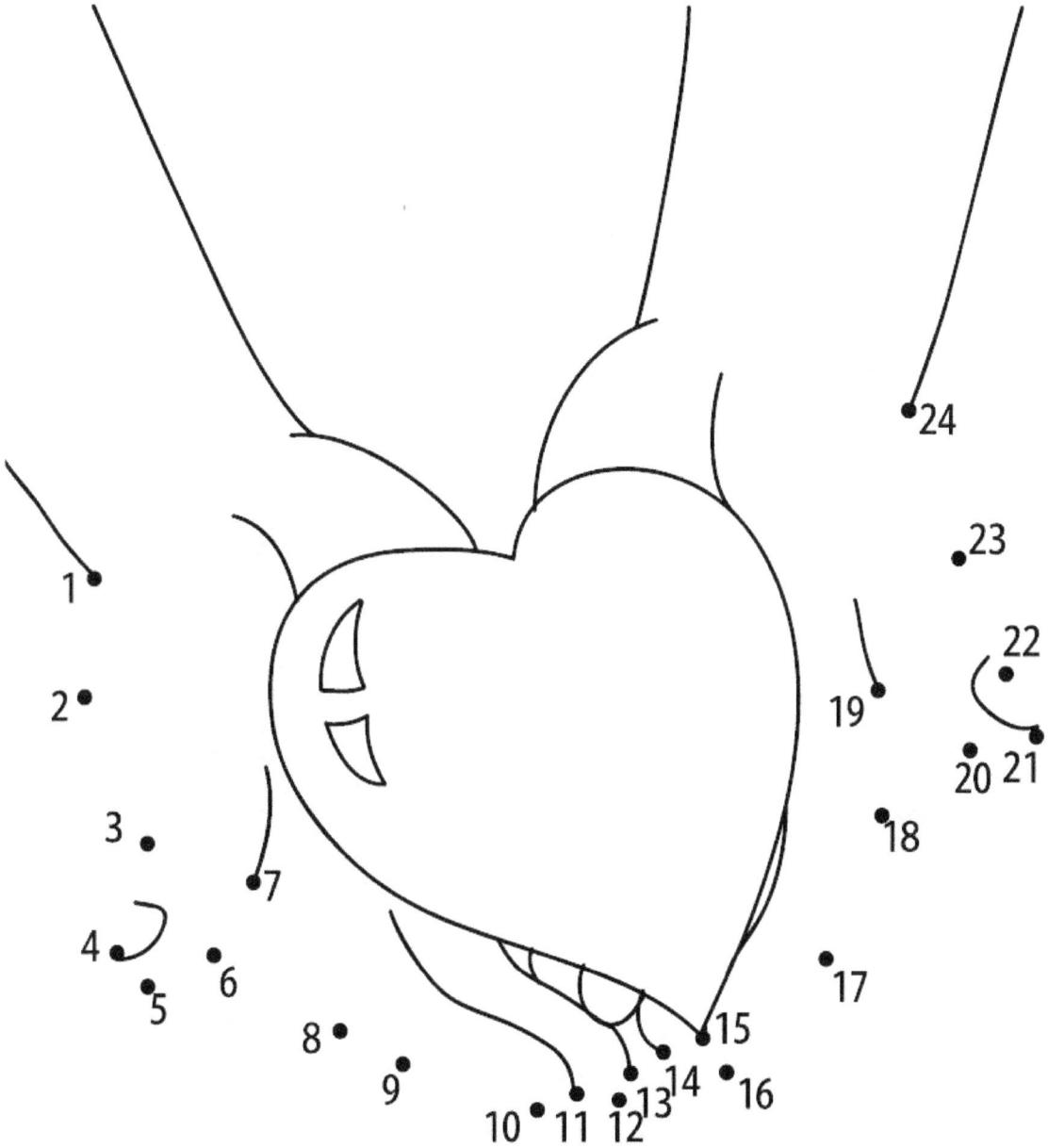

चार छोटे खरगोश

चार छोटे खरगोश लट्ठे पर तैर रहे थे। दो खरगोश थक गये और आराम के लिए रुक गये। क्या आप उन्हें खोज सकते हैं?

सूसी और जो

सूसी और जो एक हैलोबीन पार्टी के लिए जा रहे हैं। चार छोटे गुप्तचर उन्हें देख रहे है। क्या आप उन्हें खोज सकते हैं?

शब्द खोजो

नीचे दिये गये शब्द समूह में से अंग्रेजी के शब्दों को पहेली में खोजो।

v	a	e	g	c	h
c	z	s	l	l	o
a	e	n	o	o	t
n	e	a	v	c	d
d	r	k	e	k	o
y	t	e	o	n	g

tree

glove

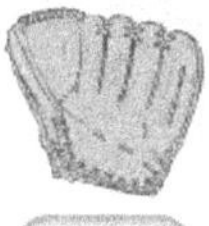

clock

snake

candy

hotdog

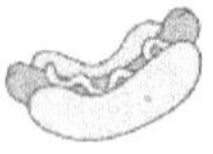

मैरी और बिल

मैरी और बिल अपने पिल्ले को खोज रहे हैं। पिल्ला भाग कर छिप गया है। क्या आप मैरी और बिल के लिए पिल्ले को खोज सकते है?

गलतियों पर क्रास (X) चिन्ह बनाओ

(X) चिन्ह का गलतियों पर प्रयोग करो। यहाँ 11 गलतियाँ होनी चाहिये।

गलतियों पर गोला करो

चित्र में 7 गलतियाँ है। क्या आप उन्हें खोज सकते है?

गलतियों पर गोला करो

क्या आप के पास तेज नजर है। यहाँ कुछ गलतियाँ है, उन्हें खोजों और उसके चारो ओर एक गोला बनाओ।

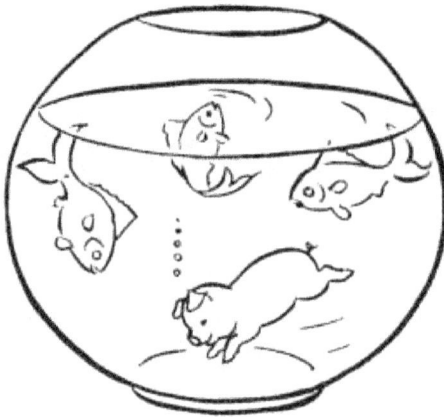

गलतियों पर क्रास (X) चिन्ह बनाओ

गलतियों के लिए क्रास (X) का चिह्न बनाओ। यहाँ 8 गलतियाँ छिपी हैं।

खोजो और गोला करो

क्या आप छोटे खरगोश को देख सकते हैं? वह कहाँ छिपा है?

हल करो और रंग भरो

दिये गये सवालों को हल करो फिर नीचे दी गई कुंजियों के अनुसार रंग भरो।

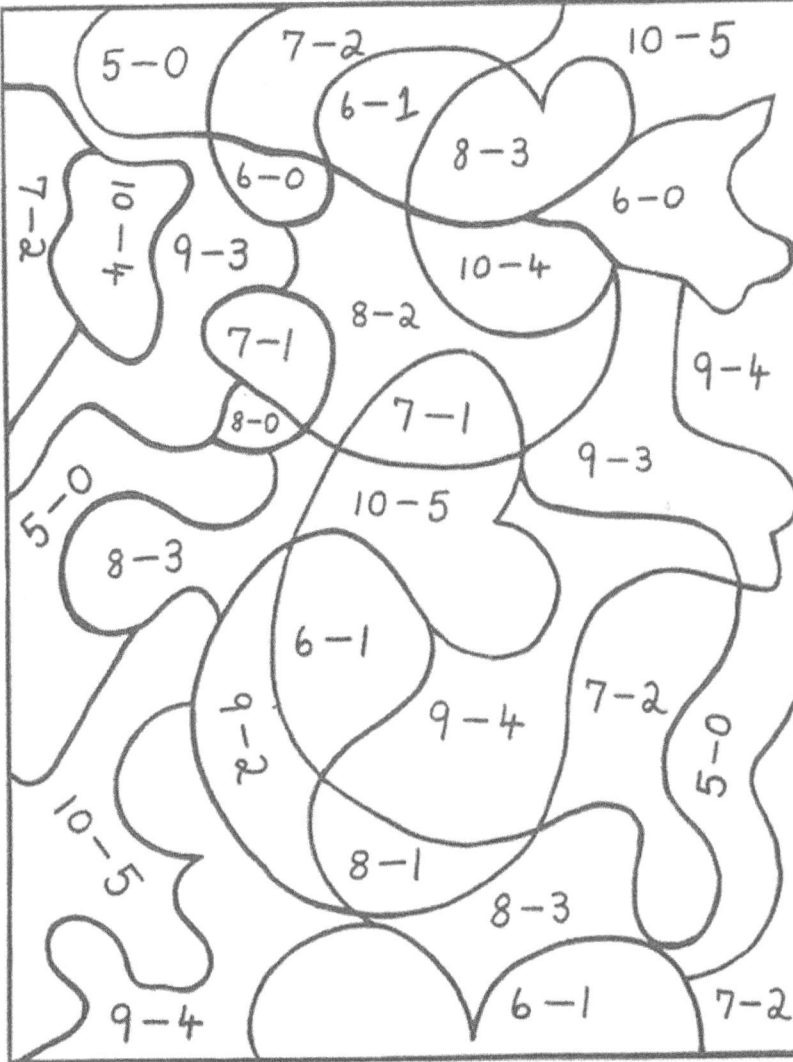

कुंजी

डबल नीला	5	पीला	7
काला	6	गुलाबी	8

भिन्न को अलग करें

नीचे दी गई प्रत्येक पंक्ति में एक वस्तु अन्य वस्तुओं से भिन्न है। उस भिन्न वस्तु को अलग करें। और सभी वस्तुओं को उपयुक्त रंगों से भरें।

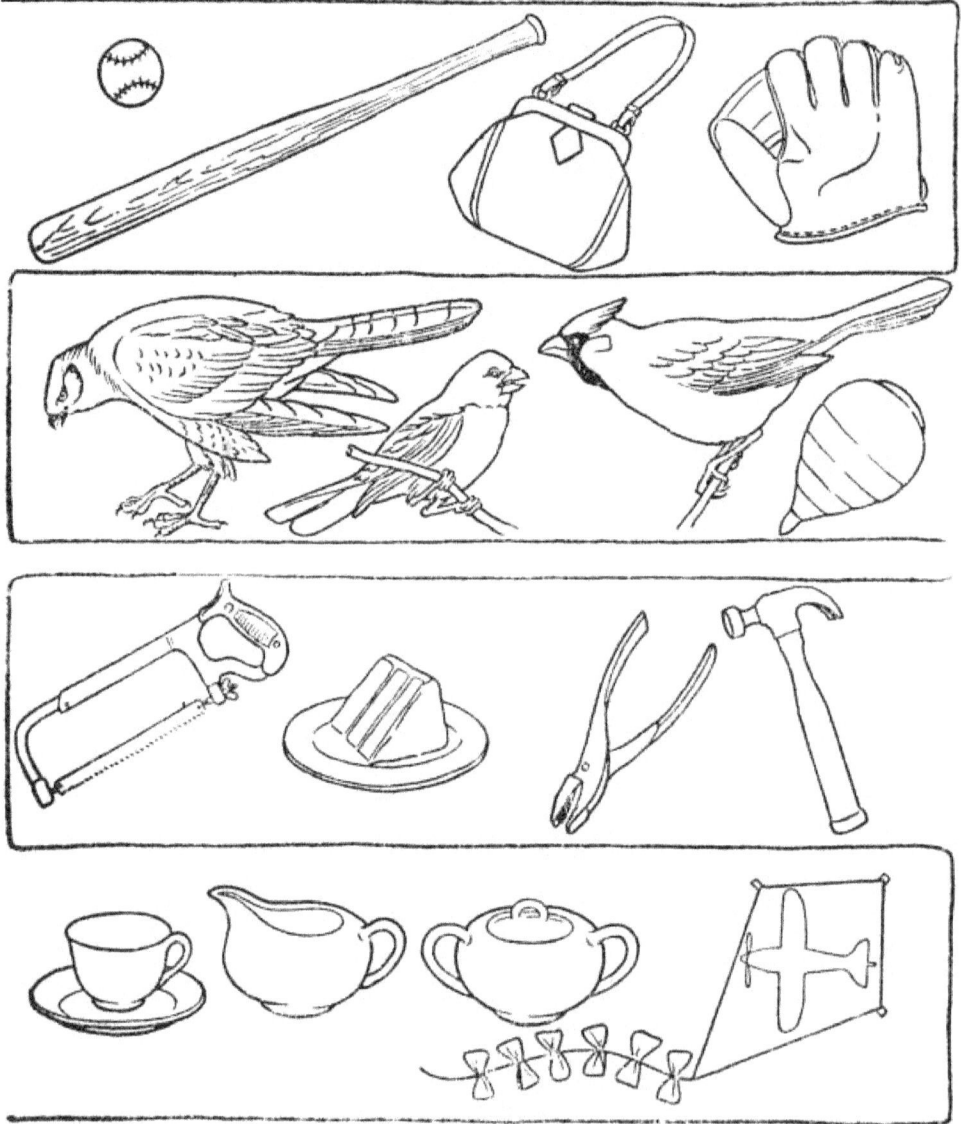

शब्द खोज

नीचे दिये गये संकेतो की मदद से पहेली में अंग्रेजी के शब्दों को खोजो।

Find words in this fun puzzle

```
u  t  b  k  c  y  b  f  d  l  w  c
y  m  h  c  o  m  e  j  v  d  f  d
y  d  n  r  c  o  f  c  l  t  a  w
x  d  l  q  e  a  i  y  u  f  o  r
w  f  f  u  b  e  n  i  o  p  l  c
e  h  h  o  f  k  d  o  r  j  k  p
s  j  e  l  z  u  g  a  i  m  v  i
s  h  x  r  b  v  n  m  q  i  m  h
p  q  c  j  e  d  y  n  m  h  q  h
p  o  i  h  e  l  p  b  y  z  g  c
a  w  a  y  t  u  s  x  o  m  k  n
x  w  m  a  k  e  f  z  d  o  w  n
```

where	come
for	find
down	help
there	funny
make	away

शब्द खोज

नीचे दिये गये शब्द समूह में से अंग्रेजी में जाड़ों के शब्द खोजें।

P	E	N	G	U	I	N	A	B	S	M	G
O	S	H	I	G	N	R	J	R	G	I	R
L	G	N	N	S	C	A	R	F	M	T	S
A	S	A	O	S	G	V	S	R	R	T	B
R	G	R	S	W	V	J	S	O	N	E	V
B	S	V	S	I	F	F	R	S	T	N	T
E	Y	I	L	N	L	L	K	T	L	S	H
A	S	A	W	T	E	R	A	C	O	A	T
R	T	U	U	E	N	G	R	K	T	Y	U
K	D	F	N	R	J	A	O	E	E	S	R
L	K	D	E	C	E	M	B	E	R	W	R
S	N	O	W	M	A	N	G	J	M	J	H

SNOWFLAKE	SCARF
SNOWMAN	MITTENS
WINTER	COAT
PENGUIN	DECEMBER
POLAR BEAR	
FROST	

बिन्दु मिलायें

सभी बिन्दुओं को मिलायें और चित्र पूरा करें। उसमें चमकदार रंग भी भरें।

अन्तर खोजें

इन दो लुटेरे जहाजों में 10 अन्तर छिपे हैं। क्या आप उन्हें खोज सकते हैं?

A

B

भूलभूलैया

मोती कुत्ता अपने घर का रास्ता भूल गया है। मोती को उसके घर तक पहुँचने में मदद करो।

रॉबिन का स्कूल

रॉबिन को स्कूल के लिए देर हो गयी है। उसे स्कूल तक जल्दी पहुँचने में मदद करो।

जादूगरनी और सीताफल

जादूगरनी शीना को सीताफल तक पहुँचने में मदद करो।

बैल की भूलभूलैया

इस बैल भूलभूलैया को हल करने की कोशिश करो, यह थोड़ा-सा दिमाग को कसरत करा सकती है, लेकिन मजेदार है।

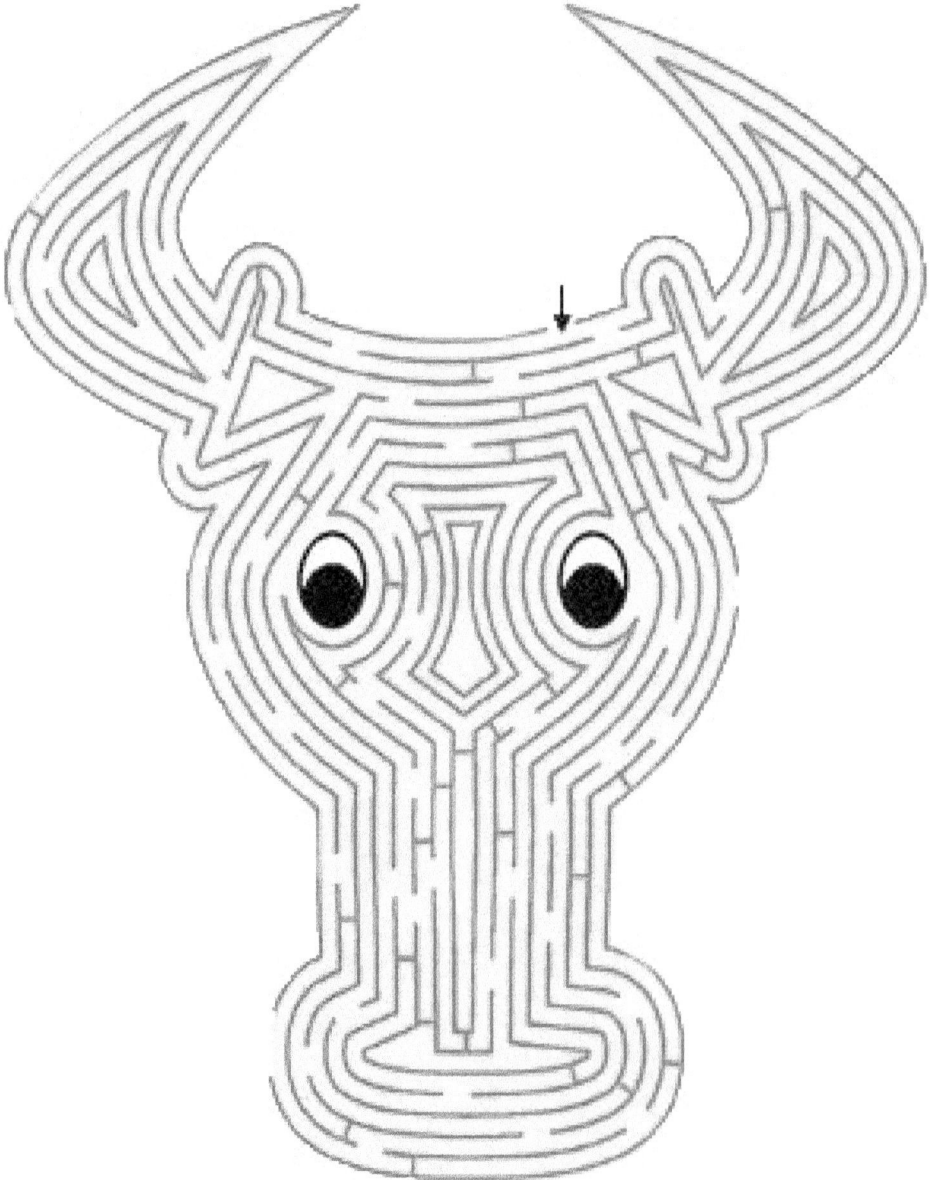

शिशु कंगारू

हमारा दोस्त छोटा कंगारु रास्ता भूल गया है क्या आप उसे उसकी माँ तक पहुँचा सकते हैं?

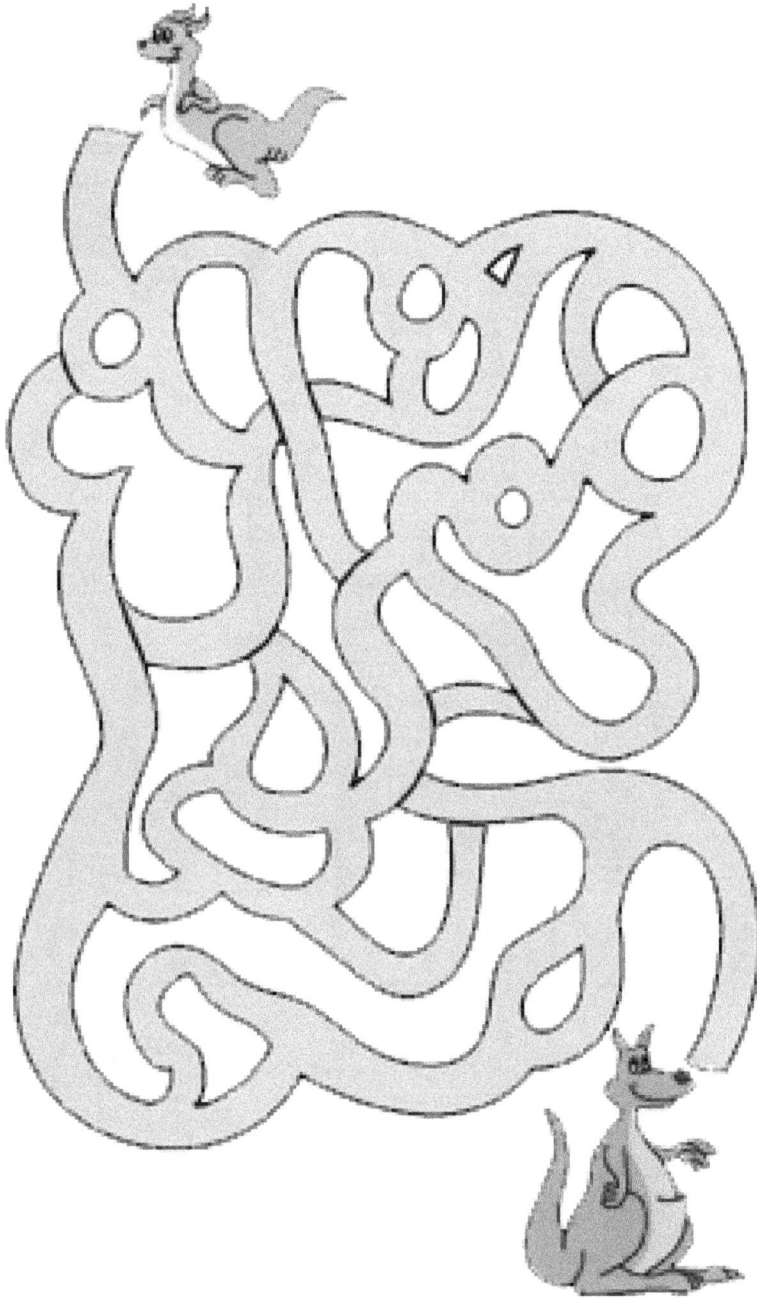

विनिशा की दौड़

विनिशा को निश्चित समय में रेस समाप्त करनी है। उसको सही मार्ग दिखाने में मदद करें।

हमारा दोस्त अप्पू

हमारा दोस्त अप्पू, अप्पूघर से भाग निकला है और बहुत भूखा है। क्या आप केलों तक पहुँचने में उसकी मदद कर सकते हैं?

मोना और कूड़ादान

इससे पहले कि मोना के पापा उसकी गड़बड़ को देखें, कबाड़ को कूड़ेदान में डालने में मोना की मदद करें।